ポックリ信仰

長寿と安楽往生祈願

松崎憲三

慶友選書

慶友社

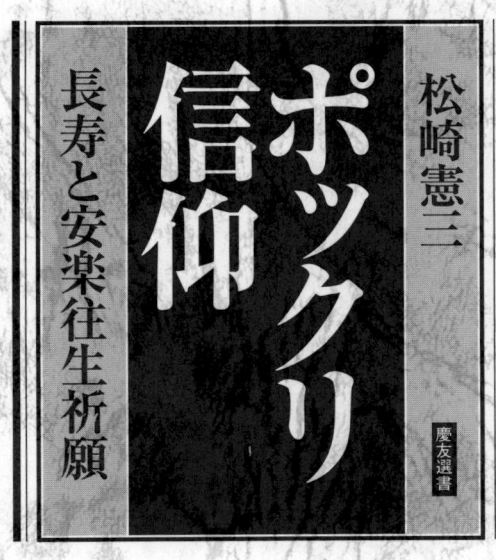

まえがき

皆さんがたのなかには、「ポックリ信仰」というタイトルをみただけでアレルギー反応をおこした人がいるのではないでしょうか。たしかに「ポックリ」という言葉は、突如として死にゆくさまを表現したもので、東北を中心とする地域では「コロリ」という。従って、たとえ安楽往生をとげるにしても、ポックリ・コロリ＝即死とイメージされ、拒否反応を示す人が少なからずいるのである。しかしながら、ポックリ信仰とは、「健康で長生きし、万一病気になったとしても長患いせず、しもの世話にもならず、安らかに往生をとげたい」という心意に基づく信仰であり、老人たちの尊厳を保つ最後の手段とみる研究者もいる。

日本は、多産多死の時代から多産少死の時代（昭和初期から二五年ごろまで）をへて、少産少死の時代に至るというように、急激に人口構造の変化を来し、少子化、高齢化を迎えた。それに伴なってさまざまな問題が惹起したが、筆者の関心に即していえば、前者は子供の遊び方やしつけ、水子供養とかかわり、後者は隠居制や退職、老人の果たす役割、本書でとりあげようとするポックリ信仰とも密接なつながりを持っている。

ところで、六五歳以上の人口が総人口に占める割合は、昭和二〇年（一九四五）には五パーセントに満たなかったが、昭和四五年（一九七〇）には七パーセントを超え（これを高齢化社会という）、平成六年（一九九四）には一四パーセントを超えた（これを高齢社会という）。それ以降も着実に高齢化が進んでいる。高齢者人口の増加を象徴する一例として一〇〇歳人口をみると、老人福祉法が制定された昭和三八年（一九六三）には一五三人にすぎなかったものが、年々増加して平成一六年（二〇〇四）には二三〇三八人に達した。そうしたなかで古稀、喜寿、傘寿、米寿といった年祝いがさかんになり、長寿にあやかろうとする習俗、イベントも各地で繰り広げられるようになった。その一方で、老人の自殺や老人に対する虐待問題、寝たきり老人と介護をめぐる問題等々がクローズアップされることになった、そうして昭和四七年（一九七二）に有吉佐和子が『恍惚《こうこつ》の人』なる小説を世に問い、そのなかでポックリ信仰に触れたところにわかに注目され、一種の社会現象として爆発的に流行した。

この種の信仰は、元禄一四年（一七〇一）に江《え》島《じま》其《き》磧《せき》によって著わされた『けいせい色三味線』にすでに「ほつくり往生」の語がみえることから、とりわけ目新しいものとはいえないが、高齢社会であるが故にはやっているのはたしかである。そうしてなかには自らの老いを見越して、レジャーを兼ねてあらかじめ参詣に赴く人もいれば、切実な問題を抱えて藁をもつかむ思いで出向く人もいる。対する宗教施設も、観光客を目当てにしつつも、他方では悩める人びとと真剣に向き合おうとしており、だからこそ多様な実態が垣間みられるのである。

いま若い人たちも、やがては老齢期を迎える。その意味で老若男女を問わず、本書に目を通していただきたい。そうして高齢者の置かれている状況を確認するとともに、逆にかれらの体験知・伝承知から滲みでる老熟の力を再認識していただければ幸いである。

二〇〇六年一〇月吉日

松崎憲三

ポックリ信仰——長寿と安楽往生祈願——／目次

I　祈願の諸相

はじめに

民俗学には、歴史的関心に基づくアプローチの方法と現在的関心に基づくアプローチの方法との二つがある。そうして前者は、歴史的世界を認識するために現代の民俗を調査・研究対象とし、後者は現在を理解する前提として、歴史的世界の把握を不可欠なものとしている。すなわち、どちらとも過去と現在との対話を前提としており、それが民俗学の特徴といえる(1)。この二つのアプローチの方法双方が必要なことはいうまでもないが、筆者はどちらかといえば後者に関心を抱いており、社会の変化をみすえながら、民俗文化のゆくえをみさだめていくことの必要性を痛感している。先学もこうした視点に立って多くの業績をあげてきた。柳田國男の『明治大正史世相篇』、『現代日本文明史一八巻・世相史』、『明治文化史一三巻・風俗』等々がその代表例といえる(2)。ちなみに世相とは、平たくいえば世のありさまのことであり、歴史学でいう時代相に相当

するが、「ある時代の共時的文化の全体像」をさし、風俗がその物象といえる。(3)

昭和四〇年（一九六五）代以降流行をみ、急速に各地に広まった風俗現象に、水子供養とポックリ信仰とがある。これらの流行は、日本社会が、少子化・高齢（化）社会を迎えたことが背景にある。このうち水子供養についてはすでに言及したことがある。(4)一方、今日流行のポックリ信仰については、故宮田登が早くから問題としてとりあげており、実際には寝たきり老人やボケ老人のしもの病が祈願の対象になっている点と、半身不随のまま生き続けるよりも静かにあの世に往生したいという老人の切実な願いに発している点を指摘している。(5)ポックリ信仰とは「健康で長生きし、万一病気になったとしても長患いせず、しもの世話にもならずに安らかに往生を遂げたい、という心境に基づく信仰」といえるが、宮田が指摘するように、しもの世話でまわりに迷惑をかけたくない、という老人たちの思いは相当強いようである。本章では木村博の業績を中心に研究史を整理し、その上で東海地方のポックリ信仰について報告することにしたい。

一　木村博氏とポックリ信仰

民俗学の分野でポックリ信仰をいち早くとりあげたのは木村博であり、末期の水をめぐる問題、死期を早めるために臨終の病人を抱きおこす習俗、あるいは病人が苦しんでなかなか死ねない時に寺院へ出向いて「理趣分を繰る」習俗、さらには病気平癒の願を解消する「願戻し」等々に分析を加えた[6]。木村によれば「『ポックリ』信仰は民俗であって、昔から誰しも願っていたことであり、何も現代人なるが故に、現代に特有な信仰というわけではない」という[7]。木村の指摘するとおりと思われるが、今日流行をみせていることもたしかであり、だからこそ過去と現在との対話を基本に据える民俗学のかっこうのテーマとなりうるのである。それはさておき、このテーマの研究は木村一人にゆだねてきたというのが正直なところであり、このほかには、大島建彦、飯島吉晴、武田正、鈴木岩弓などの論稿や報告例がある程度である[8]。なお、成城大学大学院の伊藤由佳子が「ポックリ信仰の諸相」なる修士論文で全国的な把握を試みたが、未発表のまま現在に至っている[9]。

一方、仏教福祉の分野では早くから関心を集めてきた。まず芝崎慎悟は、昭和四〇年代後半に、奈良県北葛城郡香芝町・阿日寺（浄土宗）の実態調査を実施し、さらにポックリ信仰の歴史的経緯をふまえた上で、同信仰を老人たちが尊厳を保つために残された、たった一つの手段とみなした[10]。また、芝崎同様参詣者たちの動機あるいは心理に焦点を当て、分析を試みたのが井上勝也である。井上は奈良県生駒郡斑鳩町・吉田寺（浄土宗）の調査をもとに、「ポックリ願望は人としての尊厳を保ったり良き生を目指した『生の願望』である」と指摘し、芝崎以上に積極的な評価をくだしている[11]。それに対して、菅井大果は日本の高齢（化）社会の実状を把握した上で、高齢者をとり巻く悲惨な状況がポックリ信仰を生み出した、との見解を示した[12]。

さらに科学史・医学史専攻の立川昭二は、『病気を癒す小さな神々』のなかで、民間医療・信仰の一例としてポックリ信仰の寺社をとりあげている。紀行文風のタッチで記されているものの、研究の一助となりうるものである[13]。

おおまかな研究史は以上のとおりであるが、ここでは東海地方のポックリ信仰に焦点を当てていることから、木村の先行研究のうち、臨終の病人を抱き起こす習俗と、理趣分を繰る習俗についてより詳しくみることにしたい。

まず前者に関する木村の報告は、静岡県伊東市のある海辺のムラで、明治末から大正初期に生まれた人たちから聞いた話である。このあたりでは、もういよいよ駄目だという病人に対して、いたずらに苦しみを続けさせておかず、「もういいかげんに起こしてやるべえ」と一族の長老格の人がいい出す例があったという。「臨終間近になれば、このへんの応答は言わず語らずで、後から布団の上で抱いてやったものだが、こうして一度オコシてやった病人を『ラクになったから寝かしてやるべえじゃ』と寝かせて死水をやったそうである」。目下のところこうした習俗が確認されているのは、伊東市および熱海市周辺のほか、東京都の伊豆諸島であり、地域的に限られているようである。木村はこうした習俗について「いわば安楽死そのものと言って良い」と断言しているが、一方では安らかな死を迎えさせてあげたいという、遺族の心情による行為である点を強調している[14]。

木村の報告でもう一つ興味深いのは、安楽死祈願のため、寺院の住職に理趣分を繰ってもらうという習俗である。ちなみに「理趣分を繰る」とは、大般若六百巻中の理趣分を読誦することである。木村の報告では、神奈川県小田原市、静岡県駿東郡小山町、焼津市、庵原郡由比町、熱海市、加茂郡松崎町のほか、岐阜県恵那郡明智町、瀬戸内海の小島（広島県）の例が確認できたという。[15]一方、松崎かおりは、滋賀県蒲生郡日野町にもこうした習俗が認められるとして、次のように報告している。[16]

日野市中之郷では、治癒の見込みのない病人が苦しみ出した時に、佐久良集落在の仲明禅寺（曹洞宗）にリッシンブのお願いに行ってお経をあげてもらうと病人がラクになる。またこの祈願のお願いに出かけている間に、よくヒノタマを見るという。ヒノタマを見るという話から分かるように、病人がラクになるとは、病人が病の苦痛から解放されて臨終を迎えたことを意味している。

と。さらに松崎は、依頼する側と住職側の「理趣分を繰る」習俗に対する認識の微妙な相違についても言及している（第三章、九一頁参照）。

ちなみに『理趣経』にはサンスクリット語の原典があるが、日本に伝わる『理趣経』はこれとは異なり、初段がサンスクリット語、後段がコータン語（中央アジアの言語、コータンは大乗仏教隆盛の地）訳のもので、現世、来世の直接的な利益を説く、賛嘆文部分の翻訳だという。『理趣経』あるいは大般若経の中の理趣分の本意は、理趣経曼荼羅を本尊とし、この経を所持する者は、悪魔外道に邪魔されることなく、四天王によって守護されるという。また滅罪のために修法するものとされ、ことに女婬罪を滅するに効果があるとされている。ただし、『理趣経』にはもう一つ特有な主張がみられる。それは「ついに横死することなく、厄いや災難に遭うことなく、一切の仏・菩薩に守られ、もろもろの仏土で願いに応じて往生する」という箇所である。異本には、未来の来迎・往生の思想をより鮮明にしたものも多く、こうした変化が、日本の『理趣経』信仰に何らかの影響を与えたとみられている(17)。

ところで、静岡県が、この種の習俗の豊庫なのかどうかは判断しかねるが、木村が静岡県在住の研究者であり、地道なフィールドワークによって多くの資料を蓄積してきたことに敬意を表したい。静岡県を中心とする地域の、安楽死（苦しまずに安らかに往生をとげる）をめぐる習俗の多様性をしらしめてくれるからである。木村はこのほかポックリ寺の信仰についても触れているが、それに関しては筆者の調査に基づいて以下の節で報告することにしたい。なお、田方郡天城湯ヶ島町（現伊豆市）市山・明徳寺（曹洞宗）については、立川や飯島が報告していることからごく簡単に触れるにとどめたい。

二　御座の石ボトケ（志摩市）

「石ボトケ」は志摩町御座字西の山の海岸線に祀られており、満潮時には腰まで海水が浸ることから、「潮ボトケ」あるいは「ぬれボトケ」とも呼ばれている。この「石ボトケ」については昭和期に書かれた縁起があり、その内容は次のごとくである。(18)

御座浦石仏地蔵尊縁起

抑々地蔵尊の由来を案ずるに遠く釈尊の在世当其の付嘱を蒙りて来世無仏の世界に出で、よく濁悪の衆生を化導し縁に触れ機に応じて限り無き施しを給ふこと恰も太地の触穢を浄化して万物を生々育成せしむるが如し

茲に志摩国御座港俗に「いしぼとけ」と称し奉る地に今を去ること八十五年前明治の初年当り当村弥吉老人の午睡の夢に「我は本地地蔵菩薩なり古くより因縁に感じて此の所に姿を現ず若し心の運び至心に祈願せんものには定んで腰より下の病疾を治すべし且つ我海水の浸すところに在りて諸人の為に常に代わりて苦患を洗浄せん必ず高処に移すこと勿れ」と現はれ給ふ即ち弥吉老人此の石を祀ること恰も仏に対するが如し元来自然石なるを以って其後波切の石工某是を毀ちて石垣の料にせんとせしにその妻女忽ちに病に犯され冥罰を思ひつゝ逝けりと明治三十年の頃に至り当村柴原市太郎氏長男徳平氏こゝに一基の地蔵尊を建立し爾来幾星霜霊験著にして威力霊感日夜弘大せられつつありといふ

小衲昭和八年四月下旬偶々病を当地に養うて潮音寺に寓じ此霊験を聴く恰も柴原市太郎老人の発願の下に新たに詣路の開削せられたるを知り尚村民挙つて帰依崇敬の誠心を運ぶを見

て感激に堪えず小衲又深く祈念するところあり宿病日を逐うて快復するに至る洵に不可思議の感応と称すべし依て潮音寺住職児玉芳山師とはかり共に供養の法会を営み御詠歌一首を献じかねて其由来を記し後人に示すと云ふ

かぎりなき世の諸人を救はんと
　御座の浦わに　おはすみほとけ

大和国総本山　長谷寺化主
　大司教大僧正　小林正盛謹述

大祭日　三月十五日　月祭毎十五日
　志摩町潮音寺住職
　　児玉芳山

この縁起は、長谷寺の小林正盛大僧正が潮音寺における療養経験に基づいて記したものである。これによって「石ボトケ」が明治初期以来祀られ、当初自然石だったものが、明治三〇年（一八九七）ごろ柴原徳平氏によって石像地蔵尊が建立されたこと、また腰から下が満潮時に海水に浸ることと関連して、腰から下の疾病に霊験があるとされ、その背景に代受苦の思想があること等々がしられる。志摩町御座は町の西部、志摩半島の西端に位置するが、隆起食台地にある半農半漁の集落である。大部分は雑木林に覆われ、水田は谷間にわずかにみられる程度である。生業は沿岸漁業が中心で海女《あま》と真珠養殖に特色があり、近年は観光客も多い。(19)「石ボトケ」は婦人病や安産にご利益があるとされ、とりわけ海女たちの信仰を仰いできた。かつては大祭日の三月一五日には、土地の人びとは団子二つを土器に盛り、松葉を箸としてお供えしたという。(20)

今日では婦人病平癒や安産祈願のほか、垂れ流し（しもの病）にも効験があるとされ、女性のみならず男性を含めた老人たちの信仰対象となっている。昭和四五年前後には、一日で参詣者十数人を数えたこともある。このように、婦人病、しもの病、子供のおねしょ封じに効験のある神仏が、高齢（化）社会の到来とともに、「しもの世話になりたくない」というポックリ信仰と結びついて展開をとげた例は、御座の「石ボトケ」のみならず各地にみられる。静岡県田方郡天城湯ヶ島町（現伊豆市）市山・明徳寺（曹洞宗）「烏枢沙摩《うすさま》明王」や、京都市右京区嵐山薬師下町・薬師寺（臨済宗）の「梯子地蔵」などがその好例である。

三　興正寺の大随求明王（名古屋市）

名古屋市昭和区八事本町にある八事山興正寺は、「尾張高野」の異名を持つ。空海を開基とし、天瑞円照を中興の祖としており、今日では真言宗高野山の別格本山と位置づけられている。貞享三年（一六八六）天瑞円照和尚が高野山より熱田の八文字屋右衛門を頼り、当地にきて草庵を結び、律寺建立を志した。貞享五年に尾張二代藩主徳川光友公の帰依を受け、八事山遍照院興正律寺の称号を賜り、徳川家祈願所としてまた真言密教の教学及び修行道場として諸堂が建立された。尾張藩が興正寺を保護した理由は、紀伊国高野山を模した信仰のメッカを尾張にもつくり、人びとが仏の慈悲に恵まれるようにと願ったためであり、さらには、興正寺が飯田街道の要衝として軍事的に重要な機能を担いえたからである(21)。

天保一二年（一八四二）岡田啓、野口道直によって著わされた『尾張名所図会』巻五には次のように記されている(22)。

八事山興正律寺遍照院　八事村にあり。眞言律宗、和泉國大鳥郡大鳥山神鳳寺派なり。元祿元年八月二十八日　國君建立し給ひて、弘法大師を開山となし、天瑞比丘を中興開山となし給へり。當山は東西二山ありて尾張高野とも稱す。女人結界なればなり。然れども西山はこれをゆるせる故、常に女人の參詣たゆる事なし。西山より東山へ至るには、能満堂の側よりつま上りにして、左右に有縁・無縁の石塔婆数百建列ね、高野山奥の院に擬す。此内に骨堂あり。夫より左へ山を登りて女人堂あり。即東山の入口なり。是より女人の參詣を禁ず。女人堂より半町程東に、九品臺と稱して九品佛の石像あり。此北に隣りて開山塔あり。此山を善衆界といふ。惣本尊大日如来居ませる後の山を呑海峯と號く。眺望いふばかりなし。又東へ下りて開山堂あり、其東に鎮守八幡宮の社あり、此所を吐月峯と號す。月の詠尤よし。夫より東山の本道前へ出づる。委しくは圖を見て知るべし。

惣本尊　大日如来の銅像。境内山頂に安置す。長一丈二尺、座石の下五間四方あり。

東山本尊　馬頭觀音。

西山本尊　正觀音。

寺寶　釈迦如来楞嚴會上説相釈迦・大日・薬師の三尊迦羅木虚空蔵菩薩　枝珊瑚珠碼瑙石香盆　靈照女楊柳觀音羅漢畫白衣觀音魚藍觀音五百羅漢水を渡る圖鑑眞和尚竺布二十五條の袈裟弘法大師三鈷杵大黒天河利帝母像鬼谷子像

写真１　興正寺（名古屋市昭和区）

ここに記されているように、興正寺は東西二山に分かれ、総本尊は大日如来で境内山頂に安置され、東山本尊は馬頭観音、西山本尊は聖観音であった。先に触れたとおり、貞享三年に天瑞円照和尚がこの地に草庵を結び、そして元禄元年（一六八八）には東山の地を賜わり、同二年西山の地を賜わる。同九年に藩主光友公は生母の供養のため大日如来座像の鋳造を起工し、同一〇年に落成し供養が行なわれた。寛延四年（一七五一）に第五世諦忍和尚が西山に阿弥陀堂を建立し、また文化五年（一八〇八）第七世真隆和尚の時に五重塔を建立した。両山のうち東山が整備され、ついで西山も次第に整備されていったが、東山では高野山奥の院に倣い、参道の左右に宝篋印塔約三六〇余基が建立され、女人門よりは女人結界とされた。しかし阿弥陀堂（本尊）や五重塔のある西山は女性の入山が許可されていたため、女性を含めた多くの人びとによって信仰されてきた。[23] 現在本堂には、慈覚大師作と伝えられる本尊阿弥陀如来のほか、大随求明王《だいずいぐみょうおう》、不動明王、愛染明王、文殊菩薩、弘法大師像などが奉安されている。このうち、今日ポックリ信仰の対象となっているのはほかならぬ大随求明王なのだが、『尾張名所図会』にはこの仏に関する記載はまったくない。また天保一三年四月九日に興正寺のご開帳祭りを訪れ、その様子をつぶさに記した細野要斎の『感興漫筆』にもまったく姿を表わさない。[24]

ちなみに、八事山興正寺で現在行なわれている年中行事は次のようなものである。

一月・五月・九月の五日……大般若祈禱会
三月三日……………星祭供養会・節分祈禱会
三月二一日……………春彼岸供養会
四月一四日……………開山忌

八月一六日………………布薩会ならびに盆施餓鬼会
九月二三日………………秋彼岸供養会
一〇月第三土曜日………千燈供養会
一二月一〜五日…………仏名会

これらの年中行事のうち、もっとも盛大に行なわれているのは一月・五月・九月の大般若祈禱会と、一〇月第三土曜日の千燈供養会である。再三引用している『昭和区誌』「大正・昭和（戦前）の昭和区」の章の「八事の寺社と祭礼」なる項には、この千燈供養会と「七月参り」がとりあげられている。後者についてみると「毎月五日と一三日には『七月参り』が行なわれる。七ヶ月続けて参ると大願が成就するといわれるものであった」と、きわめて簡単に報告されているだけである。(25) 一方、今日興正寺から発行されているパンフレットには「毎月五日・一三日　大随求明王、虚空蔵菩薩の御縁日、本堂に於いて信者各位の御加持及び護摩祈禱会を行ないます。又この御縁日には大随求明王を信じて老後の息災を願う七ヶ月参りの参詣者で賑わいます」と記されている。少なくとも第二次大戦前までは、大随求明王あるいは虚空蔵菩薩の縁日を中心に「七月参り」が行なわれていた。しかしその後は、五日の大随求明王の縁日を中心に「七月参り」が繰り広げられるようになり、大般若祈禱会と重なることにより盛大さを増していった、そういう経過を辿ってきたように思われる。

興正寺は「七月参り」を「七ヶ月参り」と記しているが、次のように説明している。(26)

当山には古来より七ヶ月参りという参詣の風習があります。七ヶ月参りとは、毎月一回七ヶ月参詣して満願になりましたら「お血脈」を授与いたします（この七ヶ月は、必ずしも連続してというわけでなく、ご自身の都合に合わせて参詣していただければ結構です）。また毎月一回七ヶ月を七回繰り返す、つまり四十九ヶ月お参りされた方には、当山より袈裟を授与します。

この「お血脈」は仏様をお参りすることにより、仏様とあなたの間に血の脈、いわゆる縁が結ばれたということです。生前にはご自身をお守り下さる「お守り」として仏壇など不浄にならない場所に保管してください。また後生は冥土にお持ち下さい。

七ヶ月参りの本尊は大随求明王様です。経典に曰く「大随求明王無量の効力には真言を念じ誦ずれば衆生の求むるにしたがい悉く一切の苦悩を消滅し心身堅固となり給えり」とあります。しかし特に当寺の大随求明王様は、お参りすることにより、老後下の世話にならぬようお守り下さるといわれ、また長患いせずにポックリといけるということから、本尊大随求明王様をポックリさんと親しみを込めて呼ばれる方々もみえます。

大随求明王真言

おんぱらぱら　さんぱらさんぱら

しんじりゃ　びしゅだに　うんうん
ろろしゃれい　そわか
ご宝前にて、この真言をお唱え下さい。

先に引用したパンフレットには「又このご縁日は大随求明王を信じて老後の息災を願う七ヶ月参りの参詣者で賑わいます」と書かれていたにすぎない。しかし本堂内の説明書きには、「特に当寺の大随求明王様は、お参りすることにより、老後下の世話にならぬようお守り下されるといわれ、また長患いせずにポックリといけることから云々」と記されており、その具体的効験が謳《うた》われているのである。こうした信仰は、どうやら第二次世界大戦以降めだつようになった模様である。興正寺側はとくにポックリ信仰で布教・宣伝活動をすることもなく、またマスコミにとりあげられることもなかったが、口コミで徐々に広がり、今日七ヶ月参りで満願を迎える人は一ヶ月平均八〇〇人ほどいるという。とくに五日の縁日に満願を迎える人が集中する傾向にあり、この日一日で四、五〇〇人が血脈《けちみゃく》を授与される。血脈とは、興正寺側の説明では、陀羅尼を書写したものだそうである。

大随求明王をポックリ信仰の対象としているのは、管見のおよぶ限り興正寺の一例のみである。ちなみに『望月仏教大辞典』で「大随求菩薩（ダイズイグボサツ）」の項をひくと大随求は梵語摩訶鉢羅底薩落の訳。略して随求菩薩と稱す。現圖胎蔵界陀羅観音院中、第二行の上方第一位に属する菩薩。大随求陀羅尼の功徳を表顕せるものにして、即ち衆生の求むる所に随って其苦厄を除き悪趣を滅するが故に此の名あり。

と記されている。[27] この大随求明王（菩薩）の信仰がどれほど民間に浸透し、理解されているかは判然としない部分もある。興正寺側は、「病気で寝つくということは、悪魔に取りつかれているためであり、陀羅尼によってそれを取り除く。即ち長患いしないということに通ずる。こういった信仰が口コミで広がっていった」と認識している。要するに「衆生の求める所に随って其苦厄を除き悪趣を滅する」という大随求陀羅尼の徳に基づく信仰にほかならない。本堂を訪れた人びとは、「大随求明王護摩祈願」と記された護摩木に、交通安全、家内安全、商売繁栄、病気平癒、身体健全、諸願成就、息災延命、就職祈願、心願成就、良縁成就、学業成就、合格祈願、安産祈願、海運祈願、無病息災、景気回復等々どれかしらのスタンプを選んで押し、祈願を込めて納める。さまざまな祈願スタンプがあるものの、直接的にポックリ往生を謳ったものは、寺院側の配慮からか見当たらない。息災延命や心願成就そのほかに、そうした祈りを託して納めているものと判断される。

四　洞慶院の烏瑟沙摩明王（静岡市）

民間では大随求明王のほうは馴染みが薄いものの、烏瑟沙摩《うすさま》明王は比較的よくしられている仏である。梵名はucchusmaであり、『日本国語大辞典』は、次のように簡潔に説明を施している[28]。

写真２　うすさま明王堂（伊豆市・明徳寺）

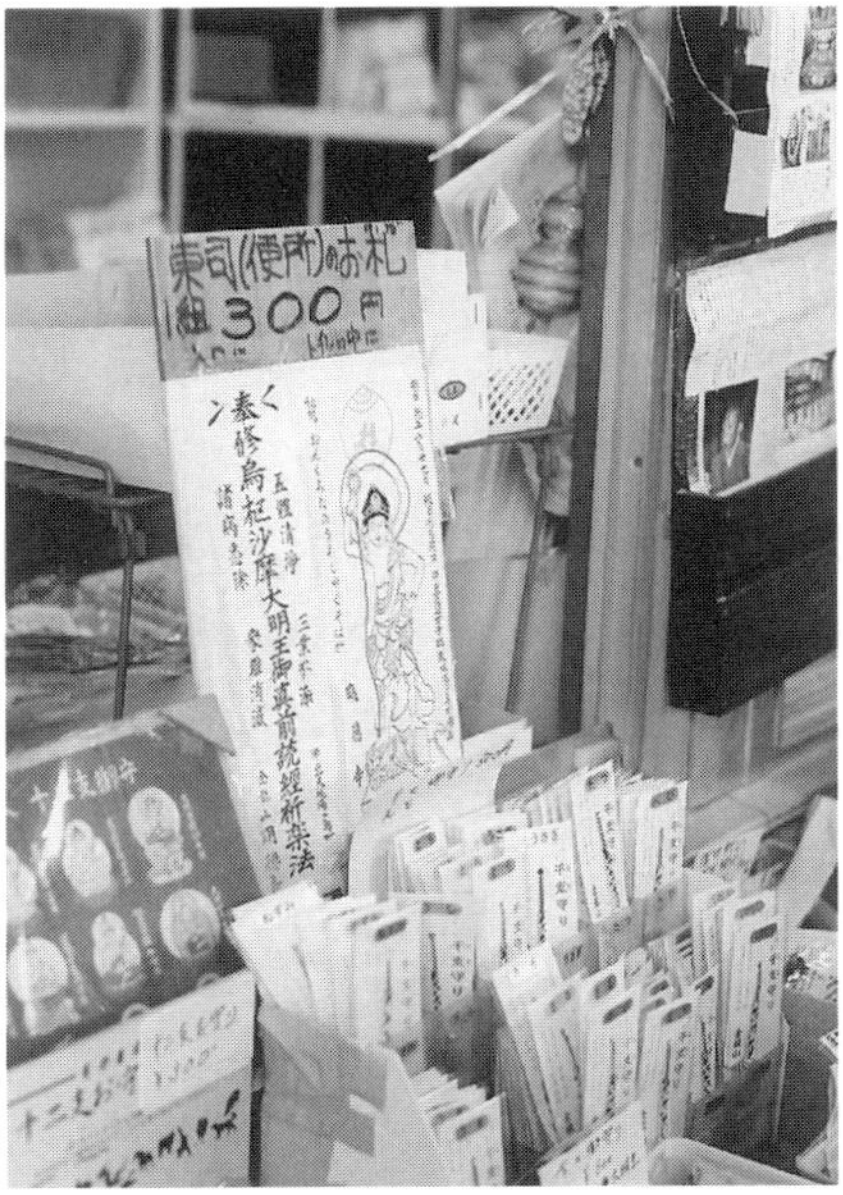

写真３　お札の販売風景（伊豆市・明徳寺）

金剛界曼荼羅の一尊。不浄を転じて清浄《しょうじょう》とする明王。形相《ぎょうそう》には異同があるが、目は赤く、身は黒く、四臂で、火炎に包まれた憤怒の相を示す。主として安産または出産の不浄を払う効験を持つとされるが、密教・禅宗などでは便所の守護神とする。

烏枢沙摩《うすさま》とも書き、不浄潔金剛、火頭金剛、受解金剛とも称されている。その像はここに記された四臂のほか、二臂あるいは六臂の場合もあり、持物も一定していない。飯島によれば、鎌倉時代にはすでに東司《とうす》、すなわち便所の守護神として祀られており、また密教では、烏瑟沙摩変《へん》成男子《じょうなんし》の法と称し、出産前に胎内の女児が変じて男子となる秘法として貴族社会の中でさかんに信仰されていたという(29)。

烏瑟沙摩明王の信仰は、便所の守護仏としてのみならず、安産や婦人病平癒に効験のある仏として、近畿を中心とする西日本に広く信仰されている。京都市右京区梅ヶ畑高鼻町・大龍寺（浄土宗）の烏枢沙摩信仰を調べた酒向嘉子は、修験の徒が民間への流布にあずかったものと考えているようである(30)。東海地方では、烏瑟沙摩明王を祀る寺院としてしられているのは、静岡市羽鳥・洞慶院（曹洞宗）、藤枝市原・清水寺（真言宗）、田方郡天城湯ヶ島（現伊豆市）市山・明徳寺（曹洞宗）の三ヶ寺である。清水寺を除く二ヶ寺は、ポックリ信仰の寺院としてしられているが、清水寺でもお札を配付しており、不浄除けとして便所に貼るほか、しもの病に効験があると考えてもらい受ける人も少なからずいるという。

さて、明徳寺の烏枢沙摩明王であるが、「五〇〇年前より祀られており、そばにおまたぎおさすりといって、高さ三尺位の男根石とくりぬき便所が作られており、男根石にさわって便所をまたぎ、祭壇の烏枢沙摩明王を拝めば、年取ってもしもの世話にならぬと説明されている」という。また「毎年八月二九日の大祭には各地から数万人の参詣者が訪れるが、ここでは下の世話にならぬようお札、お守りのほか、下着類も販売されている」ようである。[31]しかも「以前は『ふんどし』だけだったが、今では腰巻からピンク色のパンティに至る驚くほど多種多様な下着が用意されている。参拝者のほとんどがこの下着を求めていく」との報告例もある。[32]この明徳寺ほどの派手さはないものの、洞慶院も烏瑟沙摩明王を祀るポックリ信仰の寺院としてよくしられている。

洞慶院は、静岡市羽島にあって境内の梅園でもしられ、七月一九、二〇日の開山忌には自家製の梅干や郷土玩具のオカンジャケが売り出され、多くの参詣者で賑わう。羽島は市街地の西部、安倍川と藁科川の合流点の北西に位置する。中・北部は山地で、茶畑・ミカン園が多い。南縁の藁科川流域は平坦地で住宅が密集するものの、一部水田が残る。羽鳥は服織とも書き、地名は往古渡来人の秦氏の率いる服部が移住し、養蚕・機織りに従事したことに由来するという。明治二四年（一八九一）戸数四五戸、昭和三〇年（一九五五）から静岡市の大字となり、昭和四二年（一九六七）ごろから宅地化が急速に進んだ。[33]洞慶院はその羽鳥の中心から、藁科川の支流久住谷川沿いをおよそ北西に二キロほど遡った地点にある。洞慶院の由緒は以下のとおりである。

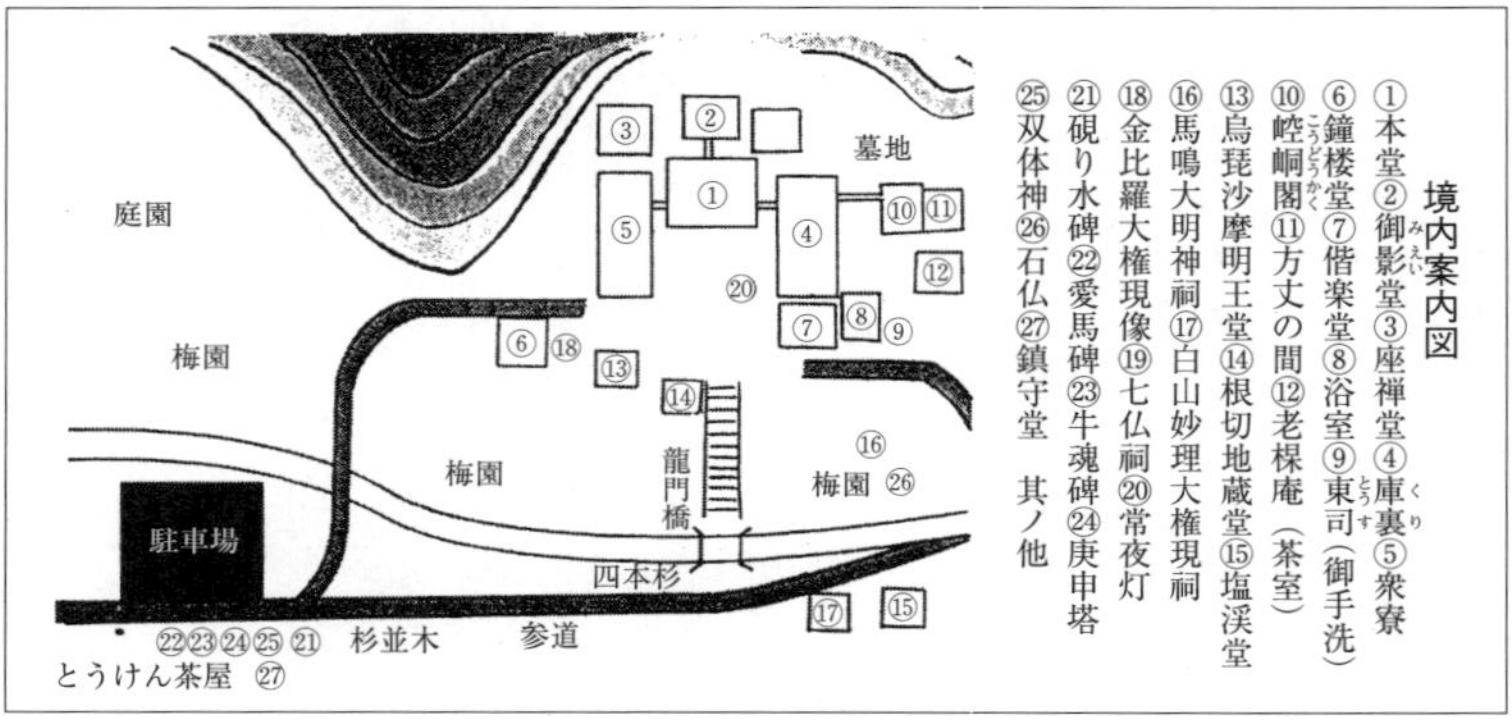

図１　洞慶院境内図

宝徳二年（一四五〇）恕仲天誾禅師の法嗣、石叟円柱和尚が此地に来り、建穂山麓の喜慶庵に泊った。白狐の霊告により久住山中に法場を開くことになった。守護福島伊賀守は、深く石叟に帰依して土地を寄進、この地の石上党の協力と、石叟の法弟、大巌宗梅も実務をつかさどり享徳元年（一四五二）一宇を建立し、伊賀守の法名により洞慶院と称した。石叟は師恕件を開山と仰ぎ、自らは二世に居り、大巌を三世とした。大巌は、大いに宗風を挙揚し、賢窓・行之・回夫の三高足を打出した。この三哲は輪住制を以て当山に住し、以後末派寺院が一年交替で輪番住職を勤めた云々。

明治に入って輪番制から独住制に改められ、今日に至っているが、本尊・千手観世音菩薩を祀る本堂のほか、境内には烏瑟沙摩明王堂、塩渓堂、根切地蔵堂等々が立ち並んでいる（図1参照）。七月一九、二〇日の開山忌の参詣者は必ずウスサマサン（烏瑟沙摩明王堂）にもお参りするといわれ、お札をいただいて東司にお祀りする。あるいは病気にかからぬよう、また老衰しても他人さまにしもの世話にならぬように祈願する人も多い。一方、根切地蔵堂は、東京都豊島区巣鴨のとげぬき地蔵の分霊を昭和初期ごろに祀ったものである。当寺と巣鴨とげぬき地蔵（高岩寺）は遠縁に当たり、当寺の和尚が東京遊学中にとげぬき地蔵の霊験あらたかなるをしるにおよんで頼み込み、分霊をいただいたという。以来諸悪諸病を根絶やしにするといった意味から根切地蔵と命名し、多くの人びとの参詣を仰いでいる。最後の塩渓堂は、境内を流れる渓流東の山裾塩の谷と呼ばれる地点にある。二世石叟が杖を立てるとそこから塩水が湧き出たという伝承に由来し、かたわらに祠を造り愛染明王をお祀りした。俗にこれを塩がまさまという。赤色の身体で悪魔調伏、清浄離塵を本願とすることから婦人たちが月経、産穢の清浄《しょうじょう》祈願に参詣した。ことに駿河湾沿いの漁家の婦人たちが多かったと伝える。彼女たちに祠の前の腰掛に並んですわってもらい、柄の長さおよそ一・五メートル、底に錐み穴をあけた一升桝ほどの柄杓に塩の水を汲み、呪文を唱えながら婦人たちの頭に注いで加持をしたとのことである。いうまでもなく、今ではこうした光景はみられない。今日の洞慶院の年中行事は以下のとおりである。

正月……………初詣　厄除等祈願
二月旧正月…………根切地蔵尊、西国三十三観音大祭

二月一五日…………釈尊涅槃会
四月八日……………釈尊降誕祭
七月一九、二〇日……恒例開山忌
七月二〇日午後………大施食会
八月一五日……………盂蘭盆会
一二月三一日…………除夜の鐘

このうち開山忌の内容についてみることにしたい。

開山忌は七月一九、二〇日と両日にわたって行なわれる。開山堂からご開山さまを本堂に移して報恩感謝と、檀信徒の無病息災（とくに夏病みしないように）、家内安全、交通安全のご祈禱が執行される。明治期、大正期、そして昭和も四〇年代までは参詣者で賑わい、「開山忌の賽銭で、お寺が一年維持できた」ほどである。安倍川の安斎橋まで行列ができることもあり、「西は可睡斎（袋井市、火防の神）、東は洞慶院」と称されたという。昭和五〇年代に入っても、静岡鉄道が臨時バスを出すほどで、現在でも三〇〇〇～五〇〇〇人の信者が訪れる。その信仰圏は、西は浜松、東は沼津あたりまでである。

先にも触れたように、参詣者は本堂のご開山さまをお参りした後、必ずといってよいほど烏瑟沙摩明王殿に立ち寄った。烏瑟沙摩明王は木像で江戸中期の作。西方の某寺が廃寺になってこの寺に祀るようになったと伝えるが、その時期は不明である。また建物は平成八年に改築されたが、以前は木造平屋の建物で、東司《とうす》（和式トイレ）が三つあり、参詣者たちはお札をいただいて東司をまたいでから帰った。一九日の場合は、偕楽殿に参籠し、俗謡歌舞に興ずる人も多かったという。ちなみに、ウスサマサンのお札は年間一〇〇〇枚ほど出るそうであり、それに対して、根切地蔵尊の方は、約半分の五〇〇枚程度とのことである。

本題とはやや話がそれるが、開山忌とかかわって興味深いのは、この両日販売されるオカンジャケである。オカンジャケとは、マダケで作った郷土玩具、あるいは縁起物である。『総合民俗語彙』は、静岡県内でもオカンジャケのほか、オシャシャケ、オタタケ、オカンサゲなどいろいろの児童語があるが、オカンジャケはお髪下げ、即ち上葛の意であろうとしている(34)。オカンジャケとは真竹の若竹を二節の長さに切り、一節をカナヅチや石で叩きつぶし竹の繊維だけを糸状にしたもので、糸状になったものを米のとぎ汁で一晩さらして乾燥させ、赤・黄・緑・紫などの色で三色に染められている。女の子はこれを櫛ですき島田まげや桃割れなどの髪型に結い、一種の姉さん遊びをし、男の子は陣取合戦の采配や相撲の軍配にしたという。

このオカンジャケと洞慶院の結びつきは明らかではないが、新竹を利用して作られるので、作る期間は七月一〇日前後から二〇日ごろに限られ、たまたま洞慶院開山忌と日程的に一致し、各地からこの玩具が縁日に持ち込まれた。そうして「おとうけんさん（洞慶院）の縁日でオカンジャケを買えば夏病気しない」と一種の魔除け、あるいは招福の縁起物となったのではないか、というのが寺院側の理解である。いずれにしても今日では、羽鳥に古くから住みついている六軒の家の年寄がオカンジャケ作成にかかわっており、その製作量は毎年ほぼ一五〇〇本に上っている。

五　足柄聖天堂（静岡県）

聖天堂《しょうてんどう》は、小山町竹之下の東端足柄峠の関所跡近くにある。竹之下は古くは足柄街道の宿駅として栄えたが、曹洞宗の寺院が三ヶ寺存在する。足柄聖天堂は、そのうちの一つ宝鏡寺の境外仏とされている。明治一三年（一八八〇）の足柄聖天堂明細帳には、以下のように記されている。(35)

静岡県管下駿河国駿東郡竹之下村字足柄峠
足柄山聖天堂
一本尊　大聖歓喜尊天　石像長五尺八寸余
一由緒　創立不詳、再興北条氏政公城中弓箭鎮護之為安置、
其後延宝八庚申稲葉美濃守正則、大久
保加賀守忠朝両君及江戸南新堀白井五

郎八再々興之、爾来聯続仕候也

一本尊（堂）間口三間
奥行五間

一境内坪数　五拾坪　官有地第四種

一信徒人員　五百五十八名

一境外所有地　之無

一聖天中ノ内日供日掛ヲ以テ続維持法仕候也

一受持僧侶　右竹之下村曹洞宗宝鏡寺住職幹眉年

一管轄庁迄距離里数　廿四　余

前書之通相違無御座候也

駿河国駿東郡竹之下宝鏡寺住職

明治十三年

幹　眉年印

信徒総代　高橋兼吉印

同　藤曲善六印

戸長　岩田源蔵印

静岡県令大迫貞清殿

ここには、受持僧侶・宝鏡寺住職とあるが、宝鏡寺所蔵文書、万延元庚申年の「聖天宮厨子再営勧進書」には、「鎮護主・宝鏡寺」と並んで、「宮守　高橋八郎兵衛」の署名がみえる[36]。高橋家は足柄峠の聖天堂の隣にあり、同家はかつて「茶屋本陣」を営んでいたという。ちなみに、足柄峠は相模と駿河を結ぶ交通の要衝であり、かつては「黒砂糖一六貫が三日でなくなる」ほどの賑わいをみせた。しかし、明治三〇年代に入ると東海道線（現御殿場線）が開通し、峠を越える人の数は激減した。そうした状況のなかで、家経営の再建をはかるべく、二代前の当主が行なったのが聖天信仰の普及活動であった[37]。かれは、明治三七年（一九〇四）に神奈川県で柳川栄誉という修験者について山伏の修行をし、その後、家に戻って聖天堂の功徳を説いて近在の村々を歩き巡った。次の当主（高橋由三師）も横浜で僧の修行をし、そのあとを継いだ。こうして小山町、御殿場を中心に東は神奈川県の秦野、平塚方面、北は山梨県の吉田、明見方面（現富士吉田市）、西は静岡県の沼津方面一帯に聖天さまの信仰が広まった[38]。今日聖天堂が掲げるご利益は、心願成就・社内安全・家内安全・事業繁栄・商売繁昌・入学祈願・身体健全・愛児息災・無事息災・家内円満・災難消除・病気平癒・火難盗難除・安全祈願・大漁満足・旅行安全・金銭富貴・厄除・縁結び・開運と多岐にわたる。ポックリ信仰との関係では、「『下』の安穏由来」なる刷物があって、その内容は以下のとおりである[39]。

昔相模国、小田原在の姥、足柄山聖天堂尊に祈願し曰く

「吾、年老いて余命いくばくもありと覚えず、大往生遂げたしと願ふても叶わざる事往々

にしてあり、永年病床に臥し家人に『下』の面倒を受くるは堪え得ざるものあり、されば日頃信仰せし聖天尊の功徳を何卒吾に垂れ給え」と姥は持参せし「腰の物」を差し出したり、堂主、信心深き姥に応え心を込めて誦経し、差し出せし「腰の物」に印授を書きしるし、終生之をまとわば汝の願望必ず叶ふべし、と与えたり、幾星霜年経て、姥の若者山を尋ねて曰く「吾が母、米寿の祝を経て大往生せり、遺言に『下』の世話にならぬはこれ大聖歓喜双身天の法徳なり、願わくば功徳を後世に垂れ給え……これ母の意思なりと」かくて堂主、この妙果と功徳を永く伝ふべく念力こめし護法の品を、里人の善男善女に分ち与ふる事となりぬ。

かつては毎月二〇日が縁日で、「下」の安穏その他の祈願のため、行楽がてらに参詣する人が多かった。今日では土曜、日曜にちらほら訪れる形に変わったが、四月二〇日の縁日には小山、御殿場や神奈川県内にある講の人たちほか多数が訪れる。この日朝から竹之下の世話人たち一二人ほどが手伝いにくる。世話人は輪番制で大聖歓喜尊天の縁日ならではか、各戸夫婦が勤めることになっている。このうち男性はお堂に詰め、女性はまかない料理などの調理に従事する。なお、この日は宝鏡寺住職と高橋家現当主（家再興後三代目）の二人によって護摩祈禱が修せられる。ちなみに、木村が昭和四〇年代後半から五〇年代初頭に、前当主高橋由三師（明治四三年生れ）からの聞書きとして次のように報告している。聖天尊の「妙果と功徳を永く伝ふべく念力をこめし護法の品」は越中褌と腰巻にほかならなかった。それも、大正の末ごろまでは出していたのを数年前に復活したとのことである。[40]しかしそれもその後は、いわゆるサルマタとズロースに改められて今日に至っている。聖天堂によれば、五ヶ月に一度のわりで六〇着ほど仕入れているとのことで、七、八割が女性用であり、参詣者も女性が圧倒的に多いが、「お父さんの分も」と称して男性用も結構売れるそうである。

さて最後に、宝鏡寺と宮守としての高橋家の関係であるが、竹之下の区有文書に昭和一六年(一九四一)の「契約の証」があり、聖天堂が宝鏡寺の所有仏堂であることが記されているほか、「足柄聖天堂ノ札ハ宝鏡寺ニ於テ作成シ足柄山聖天堂ニ於テ作成セザルコト」、「札ノ頒布ハ足柄山聖天堂ニ於テ行ヒ宝鏡寺境内ニ於テ頒布セザルコト」等々の文もあるという。[41]現在もこの「契約の証」に従っているが、高橋由三師は宝鏡寺の執事長を勤められ、現当主はもっか宝鏡寺で修行中とのことであり、両者が協力して聖天堂の運営につとめているようである。また、宝鏡寺境内の参詣者用東司に「烏枢沙摩明王尊」の看板を掲げており、さらにはその説明板があってその功徳をひとしきり説明したあとで、「無心に手をあわせれば、他人に、下の世話を受けないですむとも言われております」と結んでいる。明徳寺や洞慶院に象徴されているような、烏瑟沙摩信仰展開の帰結と言ってしまえばそれまでだが、足柄山聖天堂の信仰と影響関係を持ちながら今日に至ったものと考えられる。

結びにかえて

全国的にみると、ポックリ信仰の対象となっている神仏は、地蔵・観音・阿弥陀・那須与一公墳墓等々である。地蔵の場合は各地に広く認められるものの、観音はどちらかといえば東日本に多く、阿弥陀や那須与一公墳墓の場合は、近畿地方を中心とする西日本に偏在する。本章でとりあげた東海地方の場合は、ぬれ仏（地蔵）、大随求明王、烏瑟（枢）沙摩明王、聖天とバリエーションに富んでいるものの、烏瑟（枢）沙摩明王に対する信仰が強い、というのが一つの特徴といえる。また、大随求明王、聖天に対する信仰は、もっかのところ他地域では確認されていない。

これらどの神仏を対象にするにせよ、他人さまの「しもの世話」にならぬようにというのが祈願の中心に据えられており、寺院側もその功徳を強調し、下着の類まで頒布しているところがある。聖天も含め、ぬれ仏、烏瑟（枢）沙摩明王に関しては、「しもの病」「下半身」との関係で、ポックリ信仰へと展開をとげたもので、その経緯もおよそ推測がつく。しかし、大随求明王の場合はその点で不明の部分が多く、残された今後の課題といえよう。

一方、参詣者は圧倒的に女性が多く、どの寺院でも七、八割は女性だという。平均寿命からいっても、女性が夫の死を見取るのが一般的であり、夫の死後自分の身を考え合わせた時に不安感がつのり、いわゆるポックリ寺へ参詣するケースが多いようである。自分と同じ経験を身近な者にさせたくないという気持もあろうが、それ以上に生理現象で自分以外の人の手を煩わすことに対する忌避感情があるように見受けられる。物を食べ、消化・吸収し排泄するという基本的な行為を自分の意志で律せられないという人間としての尊厳とかかわるのだろう。それのみにとどまらず「娘ならまだしも、嫁の世話には……」と考える人も多く、そのへんにもポックリ信仰の複雑さがある。この点については他地域の実状を踏まえながら、考察を加えるつもりである。

なお、民俗と風俗との関係で、最後に足柄山聖天堂の展開について触れ、結びとしたい。聖天尊信仰の発生契機と時期についてははっきりしないものの、初代の布教活動により、明治後期から大正末期まではかなりさかんに信仰され、越中褌や腰巻まで頒布されるようになった。その後一時衰退したものの、前当主になって再び復活し、さらに時代状況に対応する形でサルマタとズロースに改められた。こうした動きをみてもわかるように、民俗として継承されつつある時期、流行化し再び沈静化する、その繰返しの歴史であった。現在は「静かなブーム」といったところであるが、「おじいちゃんに連れられてきたことがあり、自分も年相応になったので」といって参詣する人も少なくないという。また、親が信仰していたお陰でポックリ往生したといってお礼参りにきて、その後こうした子供たちも信者になる例も多い。各地のポックリ信仰の現状をみても同様で(42)、風俗現象として広がりをみせる一方で、民俗として着実に伝承されているといえる。

註

（1） 福田アジオ・古家信平「民俗学の現在と未来」『本郷』六号　二〇〇〇年　二～四頁。
（2） 柳田國男「明治大正史・世相篇」『定本柳田國男集二四巻』　筑摩書房　一九三二年、柳田国男・大藤時彦『現代日本文明史一八巻・世相史』東洋経済新聞社　一九四九年。柳田國男『明治文化史一三巻・風俗』一九四九年（一九七九年　原書房復刻）
（3） 井上忠司『風俗の文化心理』社会思想社　一九九五年　八～三九頁。民俗とは、一定の時間幅をもって伝承されてきた言語・行為・観念・事物をさすが、柳田によれば近世までの風俗の用語は民俗と同義だったという。しかし近世末以降流行や趣味などに偏って、近代は主として衣（みなり）の移りかわりに終始してしまったと指摘している（『明治文化史一三巻・風俗』）。ここではその示す範囲を同義としながらも、風俗は伝播に、民俗は伝承にウェートをおいた用語として一応区別しておきたい。
（4） 松崎憲三「堕胎（中絶）・間引きに見る生命観と倫理観」『日本常民文化紀要』二一輯　成城大学大学院文学研究科　二〇〇一年　二九～一七五頁。
（5） 宮田登『心なおしはなぜ流行る』小学館　一九九三年　六五～六七頁。
（6） 木村博「末期の水」『日本民俗学』六六号　一九六九年　一五～二四頁。同「大般若理趣分の功徳」『民俗』七九号　一九七一年　三～四頁。同「安楽死をめぐる民俗」『日本民俗学』七五号　一九七一年　六四～六七頁。同「『生』と『死』のはざま」『静岡県史別編1・民俗文化史』一九九五年　六七九～六九〇頁。
（7） 木村博「現代人と『ポックリ』信仰」『仏教民俗学大系七・仏教民俗の諸問題』名著出版　一九九三年　二〇一頁。
（8） 大島建彦「四天王寺と祈願（一）」『西郊民俗』一二七号　一九八五年　六～一二頁。飯島吉晴「鳥枢沙摩明王と厠神」『仏教民俗学大系八・俗信と仏教』名著出版　一九九二年　三一三～三二八頁。武田正「ころり薬師」『おんなのフォークロアー』岩田書院　一九九九年　二二一～二二七頁。鈴木岩弓「老いと宗教」『岩

波講座宗教七・生命―生老病死の宇宙―』岩波書店　二〇〇四年　二四一～二六四頁。

（9）伊藤由佳子「ポックリ信仰の諸相」成城大学大学院、一九九六年度提出修士論文。未発表。

（10）芝崎慎悟「ポックリ信仰の実態―奈良・当麻・阿日寺の事例を通して―」『佛教福祉』創刊号　佛教大学社会事業研究所　一九七四年　三九～四八頁。同「社会不安とポックリ信仰（上）」『佛教福祉』二号　佛教大学社会事業研究所　一九七五年　九二～一〇四頁。

（11）井上勝也「ポックリ信仰の背景」『ジュリスト　増刊総合特集一二・高齢化社会と老人問題』有斐閣　一九七八年　二〇〇～二〇四頁。

（12）菅井大果「老人福祉と仏教について」『仏教福祉』一一号　仏教大学社会事業研究所　一九八五年　二九～一三二頁。

（13）立川昭二『病気を癒す小さな神々』平凡社　一九九三年　一～三二三頁。

（14）木村博「『生』と『死』のはざま」前掲（6）六八二～六八六頁および六九〇頁。

（15）同右　六八二～六八八頁および木村博「重病平癒祈願と安楽死の願い」『静岡県史資料編24・民俗二』静岡県　一九九三年　一二〇一～一二〇二頁。

（16）松崎かおり「安らかな死を願う民俗」一九九七年五月一七日付、東京成徳大学における講義のレジュメによる。

（17）渡辺章悟『大般若と理趣分のすべて』渓水社　一九九五年　五三七～五四五頁。

（18）鳥羽市在住の民俗学者・野村史隆氏提供資料による。

（19）竹内理三『角川日本地名大辞典24・三重県』角川書店　一九九一年　一四二二頁。

（20）前掲野村史隆氏の昭和五二年ごろの調査による。

（21）水野時二監修『昭和区誌』名古屋市昭和区役所　一九八七年　二七四頁。

(22)『尾張名所図会上巻』愛知県郷土資料刊行会　一九七〇年　四八頁。
(23)水野時二監修前掲(21)　一三二頁。
(24)細野要斎「八事紀行」『感興漫筆(上)』(名古屋叢書第一九巻・随筆編(二))名古屋市教育委員会　三四〜三五頁。
(25)水野時二監修前掲(21)　二七五頁。
(26)本堂内の説明書きより転写。
(27)塚本善隆『望月仏教大辞典』第四巻　世界聖典刊行協会　一九三六年　三二九二頁。
(28)日本国語大辞典刊行会編『日本国語大辞典』第二巻　小学館　一九七三年　五八六頁。
(29)飯島吉晴「烏枢沙摩明王と厠神」前掲(8)　三二六〜三三二頁。
(30)酒向嘉子「烏枢沙摩明王信仰に関する一考察―便所神とウスシマサンの関係を中心に―」『御影史学論集』一一号　一九八六年　四九〜五九頁。
(31)飯島吉晴「烏枢沙摩明王と厠神」前掲(8)　三二五〜三二七頁。
(32)立川昭二『病気を癒す小さな神々』前掲(13)　一五三〜一五六頁。
(33)竹内理三『角川日本地名大辞典22・静岡県』角川書店　一九八二年　七六八〜七六九頁および二〇四七頁。
(34)日本民俗学研究所編『総合日本民俗語彙』第一巻　平凡社　一九五五年　二二三頁。
(35)小山町史編さん専門委員会『小山町史第三巻・近世資料編Ⅱ』小山町　一九九四年　三〇七〜三〇八頁。
(36)同右　三〇六〜三〇七頁。
(37)小山町史編さん専門委員会『小山町史第九巻・民俗編』小山町　一九九三年　四二一〜四二二頁。
(38)同右　五六三〜五六五頁。
(39)この由緒書がいつごろ作成されたものかは不明であるが、祈禱し、朱印を押した下着を祈願者に頒布する際に渡しているものである。
(40) 木村博『死―仏教と民俗―』名著出版 一九八九年 六〇～六三頁。
(41) 小山町史編さん専門委員会前掲(37) 五六四頁。
(42) 松崎憲三「『ホクリ』大権現をめぐって―高松市鬼無・千葉県大原町―」『西郊民俗』一八二号 二〇〇三年 一一二～一一六頁。

Ⅱ　巡拝習俗をめぐって

はじめに

従来民俗学徒の誰しもが注目しなかったポックリ・コロリ信仰に、いちはやく着目して黙々と調査を重ね、数多くの足跡を残してきた木村博は、山形市長谷堂の「コロリ観音」について言及したくだりで次のように述べている[1]。

私はつい最近まで、この信仰のことを無視してきたのである。それは余りにも特殊すぎ、正直のところ口にするのも恥かしいような気持ちであった。そして少くとも民俗として到底採上げる気さえ起さなかったのである。むしろそっと隠しておきたいほどの気持ちであった。東北の風土がもつ「暗さ」が生んだ悲劇的現象としか、考えていなかったのである。

東北地方（山形）出身の木村の複雑な心境が吐露されているが、山形を中心とする東北地方のみならず、本人が現在住む伊豆地方や近畿その他各地に似た信仰があることをしるにつれて、調べてみたいと思うに至ったという。(2)

現在筆者が把握しているポックリ・コロリ信仰対象の寺院・小堂・小祠五七のうち、東北地方は一〇ヶ所を数え、関東地方と肩を並べるほどであるが近畿地方にはおよばない。従ってたしかに相対的に数は多いものの、東北地方特有の習俗とはいえないのである。前章では東海地方の事例を報告しているが、(3)ここでは山形市内のコロリ信仰、会津コロリ三観音を中心として、巡拝習俗を中心に東北地方の事例の分析を試みることにしたい。

福島県会津地方の会津坂下町・恵隆寺（真言宗、通称立木観音）、西会津町・如法寺（真言宗、通称鳥追観音）、新鶴町（現会津美里町）・弘安寺（曹洞宗、通称中田観音）は会津コロリ三観音としてよくしられている。そのためしばしばマスコミにもとりあげられ、(4)立川昭二や木村も言及している。(5)

福島県下ではこの三例以外確認されておらず、わりと山形県に集中している。米沢市大笹野・幸徳院（真言宗）のイビダレ地蔵については、(6)Ⅳで改めて触れることにしたい。このほか米沢市関根・普門院（曹洞宗）のコロリ薬師については、木村、武田忠両氏が報告している。(7)本堂そばに湧く水を薬師さまにお供えしていただくと、寿命のある人の病気はたちまち平癒し、また寿命の尽きた人は苦しまずあの世にいけるという。普門院のコロリ薬師のみならず、霊水の効験を説くところは全国的にすこぶるめだつ。なお武田は、この薬師がもともと安置されていたのは普門院ではなく、山一つ越えた西方の錦戸薬師だとして、

『米沢里人談』の作者国分氏（江戸時代の文人国分威胤＝筆者注）はもともと普門院の別当であったらしく、錦戸薬師堂をも管理していたらしい。そんなことから、春・秋の普門院の祭礼には地元の若者組を頼んで、普門院で御開帳を行なうことになったらしい。そして現在では逆になってしまって、春・秋の錦戸薬師堂の祭礼には、普門院から一晩だけ借りてきて行なうようになっているという

と述べ、両者の関係に分析を加えている。(8) その歴史的経緯はともかくとして、この錦戸薬師如来も「コロリ薬師」として信仰を集めており、米沢市内には都合三ヶ所がコロリ信仰の対象地になっていることがしられている。

一方、山形市内では、山形市長谷堂（管理者・渡辺七郎氏、通称コロリ観音）、山形市平清水・平泉寺（天台宗、通称コロリ観音）、山形市下東山・風立寺（天台宗、通称三宝岡の生き如来）、以上三ヶ所がしられているものの、木村が長谷堂のそれについて報告しているにすぎない。(9) そこでまず山形市内の三例をとりあげることにしたい。

一　山形市内のコロリ信仰

長谷堂のコロリ観音

長谷堂は山形市の南西部、出羽丘陵東端の山麓に位置する農業地域である。『角川日本地名大辞典6・山形県』によれば、世帯四一七、人口一九四五。中央部に位置する城山には、最上氏時代の支城長谷堂城址がある。寺院は、嘉吉年間（一四四一〜四四）の創建で永正一二年（一五一五）曹洞宗に改宗した大森山清源寺があり、慶長年間（一五九六〜一六一五）ごろは長谷堂城主の檀那寺で、江戸期には寺領三石八斗を有した。ほかに本沢山西養寺（浄土真宗大谷派）、長谷山長光院（当山派修験）がある。城山に最上三十三観音の第十一番札所長谷観音があり、神明神社、八幡神社、滝山神社などが祀られている。(10)

長谷堂のコロリ観音は、城山の南麓、本沢川のほとりにあって、現在観音堂のかたわらにある渡辺家が管理している。現当主七郎氏は昭和九年（一九三四）生れで、このあたりの人びとは同氏を別当と呼んでいる。同氏によれば、明治の初期に城山周辺の土地を払い下げてもらった際に、その内にあったこのお堂を管理するよう依頼され、以来渡辺家が管理を引き継いでいる。同家の檀那寺は大森山清源寺である。ちなみに観音堂そばの案内板に記された「ころり観音縁起」は以下のとおりである。

御本尊は、かつての長谷堂城主坂紀伊守の家老牧野蕃内の念持仏であったと伝える。観音座像高三十五センチで、平安末期の造像と推定される御木像であります。いまは如意輪観音とよばれていますが、古記録によれば准胝《じゅんてい》観音として崇拝されていたようであります。現在のお堂は、江戸時代明和年間に再建されました。准胝観音は「六道のうち人道を化し、よくその法を修すれば善悪とわず、除災・除病・延命・求児に験あり」といわれ、古くからこの観音様の御利益が宣伝されておりましたが、特に延命の霊験あらたかなところから、いつしかころり観音とよばれるようになりました。来世往生すなわち永遠の生命をいただくことであります。しかも除災・除病の現世霊験が加わって、難儀や病気など一切の不幸にあうことなく極楽の浄土へ往生できる、ころり信仰となったのであります。「この世がしあわせで、死にぎわも安楽にころりとゆきたい」という切ない安楽死の願望をかなへてくださるこの観音様に、世人は限りない尊崇と深い帰依を捧げてまいりました。幾多の救いをねがってすがる人びとにこたえるように、ころり観音の鰐口は、連錦として幾百年、清流本沢川の瀬音に和して、その鳴り音を城山のそらにひびかせているのであります。

御詠歌

ありがたや　まいるこころに　長谷堂の
みちびきたまえ　みだの浄土へ

このように長谷堂自身はかなり古くから存在したようであるが、コロリ信仰の発生時は残念ながら不明である。ちなみに、昭和二一年（一九四六）刊の結城哀草果の随筆『田園四季』に、このコロリ観音が紹介されているが、昭和一六年に『日本の風俗』に発表したものを、後に一本にまとめられたものである。(11) 昭和九年生れの渡辺七郎氏によれば、以前は置賜地方などからも人がきていたが、今は村山地方のしかも近在の人に限られているという。しかし、小さいころ、お礼参りにきた人が、本当に丁寧にお参りしているのをみて驚いたことを、今でもはっきりと記憶しているそうであり、哀草果の記述と合わせてみると、戦前期に広く信仰されていたものと推測される。

なお、毎月二一日が観音さんの縁日で、近所のおばあさんを中心に一四、五名が集まって賑やかしているそうである。念仏講のメンバーで、七郎氏のご両親が健在だった十数年前までは渡辺家が宿となり、観音堂の前で念仏を唱えた後、宿で赤飯を食べるなどしていた。とくに四月二一日が盛大だったそうであるが、今は宿を別の家が引き継いでいるとのことである。

平泉寺のコロリ観音

平清水は市街地の東部にあって、西流する犬川に沿う農山村地域であり、古来窯業がさかんな地で平清水焼の名でしられている。『角川日本地名大辞典6・山形県』によれば、世帯三四二、人口一二六八、社寺に岩五郎稲荷神社・春日神社・八幡神社・大日堂・清水山耕龍寺（曹洞宗）・千歳山平泉寺（天台宗）・千歳山万松寺（曹洞宗）などがあるという(12)。

平泉寺の本尊は胎蔵大日如来であり、縁起によればもとはより奥の字新山に行基作の大日如来が安置されており、後に慈覚大師円仁がこの地に移したものという。本堂は天和四年（一六八四）に再建されたものであり、現在の住職千歳良晃師は三七代目に当たる。檀家数は一八〇戸あまり、地蔵講はあるものの観音講なるものは存在しない。平泉寺は山形の十三仏霊場の一つに数えられ、また東北八十八ヶ所巡礼の札所にもなっているが、巡礼者は少ないという。コロリ信仰の対象となっているのは本堂内部に安置されている如意輪観音であり、参詣者にはコロリ観音と呼ばれている。

参詣者は年間一〇〇〇人程度、春秋の彼岸時や四月一八日、九月二八日、一〇月二八日などであり、春のしだれ桜や秋の銀杏の紅葉見学、近隣の窯元の見学など、行楽を兼ねて訪れる人が多く、八割近くは女性である。地域的にみると、山形市・天童市を中心とする山形県内の人びとが多く、仙台方面からもやってくる。「コロリ祈願」を直接的な目的とした祈禱はないが、一〇〇〇人のうち三、四〇〇人くらいは祈禱を希望するそうである。また、最初からコロリ観音としってやってくるのは一〇〇名程度で、昭和五〇年ごろからふえていった。希望があれば如意輪観音の写真入りのお守りを分けている。値段は参詣者の志によるもので、このお守りを希望する参詣者は年間一〇名程度にすぎないが、それを枕の下や布団の下に敷くそうである。住職婦人によれば、先日三〇代と見受けられる婦人二人が仙台からつれ立って参詣にきていた。「コロリと往けるかどうか、などということを心配するにはまだ早いのではないか」と聞いたところ、姑が床についており、それを看病していたという。家族が寝たきり老人の看病をできるのは、やはり二、三ヶ月程度だと思うので、自分たちが床についた時には二、三ヶ月程度で死にたいという願望があるとのことであった。このように、床に寝ついて嫁や息子に迷惑をかけたくないという参詣者がふえている。病院で延命処置をされるのが嫌だからという参詣者も一方にいるが、コロリ往生を願う人には、現に看病しているか、そうした経験のある人が多い。ちなみになかには家族づれの参詣者もみられるが、その大半は平泉寺の檀家の人たちで、家族が墓参りをしている間に高齢者が「コロリ観音」にお参りするのだそうである(13)。

平泉寺では、参詣者に本堂を開放し、茶菓子でもてなしている。参詣者たちは住職や参詣者と話をかわし、やがて友人同士となり次回の参詣を約束したり、再会を歓び合ったりしている。後述する東京都八王子市・龍泉寺も同様の処置をとっており、参詣者同士の会話がはずんでいる。ともに大々的な宣伝はしていないものの、口コミによって参詣する人が跡を絶たない模様である。

三宝岡の生き如来

下東山は市の北東部にあって、村山高瀬川の渓谷に沿う農山村地域で、集落は河岸段丘上に散在する。『角川日本地名大辞典6・山形県』によれば、世帯三一六、人口一二九八であり、三宝岡の名でしられる寒居山風立寺（天台宗）、休名山万徳寺（曹洞宗）がある。神社は八幡神社・水神神社がある。地内の字休み石には慈覚大師にちなむ伝承が伝えられる[14]。

風立寺は、斉衡三年（八五六）慈覚大師開創と伝え、寺名の由来も風輪の立ちおこる霊験あらたかな寺であると大師自らが命名したとされている。本尊は阿弥陀如来、脇士に観音と勢至の二菩薩が安置されている。この本尊はまるで生きているかのように、たちどころに参詣者の願いをかなえてくれるとされ、「三宝岡の生き如来」とも呼ばれていた。前住職の記憶によれば、昭和初期にはすでに安楽往生の如来としてしられ、広く参詣者を集めていたという。今日ではこの如来の安楽往生のご利益がいっそう宣伝され、団体の参詣者がつぎつぎとバスで訪れるほどである。例祭は毎月一五日であり、とくに八月一五日が大祭となっている。参詣者は戦時中を除き、昭和初期ごろから数多くみられ、境内には露天がたちならぶほどだったという。参詣者は昭和四〇年ごろまでは、それでも寺を中心に半径二〇キロ以内に限られていた。すなわち、山形市のほか、天童市・河北町・上山市・寒河江市などの地域からやってきていたのである。このころは、八月一五日の縁日に向けて一四日から泊まり込みで訪れ、一五日に阿弥陀さんを拝んで帰るという風もみられた。一四日の夜は男性が女装して踊るなどの余興も繰り広げられていたようであるが、テレビが普及し、娯楽も多様化するに従い様相が変化した。

もともと風立寺は、最上光義が崇敬した祈禱寺であり、財政的にも豊かであった。そのため近隣の家々にもお金を貸しつけていたこともあって、「風立寺銀行」などとも称されていた。しか

写真４　三宝岡の生き如来（山形市・風立寺）

し戦後の農地改革によって寺の所有地の大半を失い、前住職は山形市役所に勤めながら、また現住職（昭和二〇年生れ、昭和四八年から住職）は会社勤めをしながら兼務し、二代にわたって墓を造成しながら檀家を持つようになった。その一方で現住職は、安楽往生のご利益を人びとに知らしめることで寺の経営を立て直そうと考え、会社の退職金を利用してパンフレットを作り、市と観光課に協力を仰ぎながら宣伝に努めた。また付近の温泉旅館や観光会社とも提携し、それによって多くの参詣者を集めるようになった。

参詣者は年間四、五万人で、岩手県・宮城県・秋田県（山形よりの地域）、県内のほか、福島県の太平洋岸地域、新潟県・栃木県・埼玉県・東京都・千葉県・神奈川県におよんでいる。個人参詣の場合は近県から訪れるようであるが、バスツアーによる団体参詣者が圧倒的に多い。ちなみにバスツアーでは、およそ三〇年前に庄内交通の旅行会社、庄内トラベルが企画したのが最初のようである。今では四月一日から一一月三〇日までのシーズン中、毎日二台のわりでやってくるとのこと。なお、年間の参詣者数四、五万人のうち、安楽往生の祈禱を希望する人は、三〇〇〇人くらいで、安楽往生のために参詣にきても、実際祈禱を受ける人は少なく、現住職の観察では（雰囲気から判断しての意）、このうち深刻な願いを持った参詣者は五〇人あまりといい、「後生安楽」を願って祈禱するそうである。こうした深刻な祈禱の場合、コロリ往生をはたすと遺族がお礼参りにくることも多く、寺院側では滅罪のため死者の戒名を聞いた上で供養するそうである。

たまたま筆者が風立寺を訪れた平成一四年一一月二三日の午前中、庄内トラベルのバス一台がやってきた。総勢三一名のうち女性（老女）一一名が下着を持参し、本堂で祈禱を受けた。一〇年ほど前までは、庄内地方から年間一二〇〇人ほど訪れており、そのうち八〇〇人は祈禱を受けていたというから随分減ったことになる。しかし中には二七年通い続けている、という女性もいた。壮年の男性は「年寄がずっときているから自分もついてきた」といい、通り一遍のお参りをすると本堂から出て境内で雑談にふけっていた。その日は松島泊りとのことであり、こちらはどうやら観光が目的のようである。しかし、一般に男性の場合、家族のだれかが寝たきり老人の看護で苦労しているのをみて、いたたまれずにやってきたという人も少なくない。なお、参詣者数は、ひところよりやや少ないようであるが「もともと観光と信仰を兼ねてということだったろうが、近年信仰離れが進んでいる」というのが現住職の認識である。一方前住職は

昔は生活に余裕がなかったので、病人が長く患うと言うことは家族の迷惑をかけることにほかならなかった。そこで病人はもう先が長くないと思えば、食事を取らず、体の衰弱を助

長して自ら死期を早めるということもしていたのではないかと思う。現在は経済的に豊かになったので、病人を長く床に生かしておくことも可能になったが、これはまともに長生きしているという状態ではない。代参人が病人のために、早く死ぬように祈禱して欲しいという気持も理解できる。

と述べたという[15]。前住職の発言には考えさせられる点が多々ある。現代医療への批判や代参者への同情の気持は肯ける。一方看とられている側が自らの命を縮めるという行為についてはたしかめる術を持たないが、ありえなくはない。苦労して介護してくれる者に対するせめてもの気持だろうし、あるいは人間としての尊厳を保ちたいという意志の現われなのかもしれない。いずれにしても、身につまされる思いがする。

なお風立寺で今日売り出している安楽往生グッズには、枕カバー（五〇〇円）、手拭い（三〇〇円）、木札（一〇〇〇円）、紙札（五〇〇円）、女性用下着（八〇〇円）などがある。このうち枕カバーが売れ筋で年間三〇〇〇枚程度、ついで下着が五〇〇枚ほどはけるという。下着をおくようになったのは一〇年ほど前のことで、業者に薦められて、というのがその理由のようである。一方では寺院の再建と順調な経営、他方では参詣者の宗教的欲求に応える、この二つの狭間で揺れ動きながら日々宗教的活動にいそしんでいる、というのが風立寺の現実であろう。

以上、山形市内のコロリ信仰関連寺院・堂宇三ヶ所の報告を行なった。そのうち長谷堂のコロリ観音はいわばムラ持ちのお堂であり、まれに近在の人が訪れるものの、今日では村内の人が信仰している、といった程度のものとなっている。また平清水・平泉寺は宣伝しておらず、もっぱら口コミに依存している。それでも春秋の行楽シーズンを中心に年間一〇〇〇人程度の参詣者がある。コロリ観音であるともしらずにそのまま帰ってしまう人もいるが、このうち三、四〇〇人が祈禱を受けて守り札をもらい受け、枕や布団の下に敷いて寝ているようである。一方、風立寺は宣伝に努めただけに多くの参詣者で賑わっている。また数多くの安楽往生グッズを売り出していることも特徴的だが、その分深刻な参詣者と向き合うケースも多い。いずれにしても、三者三様に存在していることが読みとれる。

二　会津コロリ三観音

立木観音、鳥追観音、中田観音は、会津三十三観音霊場の札所であり、古くから信仰を仰いでいた。もともと安産や縁結びのご利益があるホトケとしてしられており、コロリ信仰にかかわる参詣者はさほどめだつものではなかった。しかし、昭和四〇年代半ばごろ国道四九号線が舗装されると、もともと会津三観音霊場巡りがさかんであった新潟市の、ある観光業者が「会津コロリ三観音ツアー」と称してツアーを組み、商品として売り出した。現在でも、西会津町野沢の大山祇神社を加えた「会津コロリ三観音と山の神めぐり」という日帰りツアーが行なわれており、多い時にはキャンセル待ちが出るほどの人気だという。ちなみに、平成八年には他の観光業者も参入し、観光業者の草刈り場となりつつある。

一方、寺院側も積極的に宣伝につとめ、昭和四七年（一九七二）に東北新幹線が開通した際にポスターを作ったのに続き、昭和六〇年（一九八五）ごろには会津若松市観光課と三観音の住職が協力して「仏都あいず」なるポスターを作成した。そうして昭和六一、六三年には朝日新聞にとりあげられ、平成八年（一九九六）にはＮＨＫでも放映された。寺院と行政、観光業者とがタイアップして宣伝につとめ、マスコミがそれをバックアップするという形でその存在があまねくしられるようになった。いずれにしても今日、三観音それぞれに年間一二万から一五万人くらいの参詣者が訪れるという。三観音のどの寺院にも『会津ころり三観音』の冊子がおかれ[16]、縁起や巡回コース、祈願の方法などが記されている。「抱きつき柱」なるものに抱きついて祈願をする、という点では三者は共通している。

立木観音

塔寺は会津地方の中部、只見川と旧宮川の間の扇状地に位置する。方形に近い地域に心清水八幡宮及び恵隆寺観音堂の門前町として形成された街村。『角川日本地名大辞典7・福島県』によれば、世帯一二八、人口七一一。ちなみに恵隆寺の木造千手観音立像は高さ約八・五メートルあり、木彫としては全国有数の大きさで、頭・胴の一本彫成で両肩のところからはぎ合わされている。作製年代は鎌倉初期とされ、この木像を安置する恵隆寺観音堂とともに国の重要文化財に指定されている(17)。

恵隆寺の縁起によれば、同寺は欽明天皇元年(五三二)に、唐梁国の僧、青岩和尚が一仏像を護持して会津の地を布教したことに始まるという。その後、舒明天皇六年(六三四)に恵隆自らの名をとって寺号を恵隆寺とし、現在の恵隆寺の基礎をつくった。大同三年(八〇八)に、諸国行脚のため会津に足をとどめていた弘法大師空海は、霊夢に基づいて千手観音を彫り、坂上田村麻呂の協力を得て大伽藍の完成をみたという。

ちなみに、恵隆寺・立木観音のご利益は(1)子年生れの守護、(2)子授けから後生安楽まで(すなわち、開運厄除、病気平癒、家内安全、商売繁盛、交通安全などにも効験あり)、(3)櫛を奉納すれば水死・苦死から免れられる、(4)黒髪の奉納による女性の心願成就、(5)抱きつき柱に抱きついて心願すれば万願成就、等々である。また、現在恵隆寺が実施している年中行事は以下のとおりである。

正月一七日……………初縁日
二月…………………節分会追儺式
八月九～一〇日………四万八千日

八月一七〜一八日……例大祭
一一月一〜一〇日……菊供養

毎月一七日は観音の命日（縁日）であるが、とりわけ八月一七日は開帳をし、盛大に祈禱が行なわれるので参詣者が多い。また一一月の菊供養は、持参した食用菊を祈禱してもらい、それを護符として食すると、中風除け・身体健固・家内和合のご利益があるとされ、この日も「安楽往生」を願って多くの人びとが参詣に訪れるそうである。

なお寺院側の話だと、昭和の初期ごろは新潟から三観音の巡礼にやってくる人が多かったという。列車に乗って会津若松までやってきて、そこで下車して中田観音を参詣したあとに、立木観音にやってくるとちょうど昼時になる。そこで、立木観音で弁当を開いてから、野沢の鳥追観音までいくという巡拝コースをとることが多かった。同じようなルートをたどる参詣者は、県内の郡山や白河からもきていたという。このころは、近隣の大きなムラには観音講が存在し、女性は嫁入りするとすぐに観音講に入った。そうして恵隆寺を含む会津三十三観音巡りをすれば一人前とされ、その家の財産の管理を姑から任されるという風習があった。そのため女性の参詣者が多かったそうである。いずれにしても当時の交通の不便さから参詣者数はそう多くなく、まして、宿泊費のかさむ遠方からはさらに少なかったという。それが昭和四〇年代後半以降急増し、今では年間一四、五万人に及んでいる。

参詣者は三〇〇円の参拝料を払って観音堂内に入る。すると寺の関係者が、観音の前にかかっている帳を開きながらこの観音の説明を一通りする（今ではスピーカーが代役をつとめているが）。参詣者は本尊に向かって右側にある「抱きつき柱」に抱きつきながら、「後生安楽」を祈願する。この「抱きつき柱」に抱きつくと、ちょうど観音の顔が下から拝めるような位置にあり、右頰をつけて像を拝めば万願がかなうという。ちなみにこの柱は、老朽化に伴なう大正四、五年の修復に際して、役所の技官は「新しい柱を」と主張したが、信徒総代と住職が「ぜひとも古いものを使って欲しい」と懇願し、それがようやく受け入れられた。

これほどの用材は近辺にはないし、結局古い用材の上下を継

写真５　立木観音（会津坂下町・恵隆寺）

写真６　立木観音堂外の「抱きつき柱」

いで一本の柱としたとのことである。ただし、いつごろかは不明であるが古くは観音さんの足もとあたりを撫でて祈願していたようであり、立川によればその証拠に観音さんの足もとがすっかり黒くなっているという[18]。

今日の参詣者のうち、本堂に上がるのは年間で約一万人程度であり、新潟県や栃木方面からくる人が多い。なお、観音堂外壁の左右二本の柱も、今では「抱きつき柱」と呼ばれており、これは参詣者が多くなった二〇年ほど前にそう銘うったもので、参詣者の要望に応えた処置という。こちらは無料であり、家族に付き添われた高齢者で、靴を脱いで堂内に入るのが辛そうな人が、外の柱に抱きついている光景もみられた。このように老人本人がやってくるばかりでなく、周囲の人が本人に代わって参詣にくることもあり、「寝ついている母親が苦しんで早く死にたいと願っているので参詣にきた」というケースもあれば、子供がこっそり内緒でやってくる場合もある。まだそれほどの年ではないにもかかわらず、しかも健康であるにもかかわらず、将来家族に世話をかけたくないので参詣にきたという人もいる。さらには数は少ないものの、不治の病に犯されている若者や乳児の家族がくることもある。

立木観音では祈禱を受けつけているため、下着を持参して祈禱を希望する参詣者もおり、寺側は「尻に敷くものに観音さまの判を押すことはできない」と断わっているものの、もはや断りきれない状況だという。また業者のなかには、下着を販売してはどうかと持ちかけてくるものもいるそうであるが、受け入れないというのが三観音の一致した見解である。ただし鳥追観音では、参詣者が持参した未使用のものについては応じている。中田観音でも巳年の時に限り、持参した肌着の祈禱を実施している。ちなみに、立木観音で販売しているコロリ祈願にかかわるグッズは、健康お守り、枕カバー、手拭いだけである。なお、無事に安楽往生できたからという理由で、参詣者や家族がお礼参りに訪れることも頻繁にある。寺側では、供養のための線香と般若心経の書かれた絵ローソクをそういう人たちに贈っている。直接訪れるのではなく、礼状がくることも少なくないとのことである。

鳥追観音

野沢は会津地方北西部、阿賀野川南岸・安座川・四岐川流域に位置する。西は新潟県上川村に接し、北東部に野沢盆地が開け、南部から西部にかけては山地が連なる。『角川日本地名大辞典7・福島県』によれば、世帯九九二、人口三八五九、西平には真言宗妙法寺・観音堂があり木像聖観音立像・不動明王立像等々は県の重要文化財に指定されている。また大久保に大山祇神社拝殿があって、年中参拝者で賑わっているという[19]。

妙法寺の縁起については次のように伝えられている。天平八年（七三六）の春、行基菩薩会津巡錫のみぎり、子にも恵まれず、鳥獣害による不作の貧苦と悲嘆にくれる農夫に鳥追聖観音を授けた。後、大同二年（八〇七）に弘法大師と徳一大師が金剛山妙法寺を創建したが、そのおり鳥追聖観音を本尊として、脇士に不動明王と毘沙門天を安置した。本堂は慶長一六年（一六一一）

の地震によって倒壊したが、慶長一八年に再建された。東西向拝口と合わせて三方開きとなっており、全国でもまれな構造となっている。この構造は、西方極楽浄土を意識したものであることから、参詣者は東の入口から入り、西から出る。安楽往生を祈願する場合には、とくに南ではなく西の出口から出るようにとの案内が堂内にある。

妙法寺・鳥追観音のご利益は、（1）悪事災難除け、（2）福徳、（3）延命その他、（4）縁結び、（5）子授け、安産、子育て、（6）開運・出世であり、また「御本尊に祈念を凝らして金剛寿命尊（身代りなで仏）を撫で、肌守りを念持すれば病魔を除いて心身が軽くなり、死病の時には願う月日に観音様のお迎えがある」という。[20] また同寺の年中行事は次のとおりである。

正月元旦祭……………新・旧暦
正月一七日……………初観音・ご開帳祈禱
六月一～三〇日………恒例大祭
六月一七日……………恒例ご開帳祈禱
八月九～一〇日………四万八千日
一〇月一日～一一月一七日……菊供養
毎月一七日……………観音の命日

年間を通じて参詣者は大祭の時に多い傾向にあるが、恵隆寺・立木観音同様菊供養の時も、安楽往生を念願においた参詣者が少なくない。妙法寺・鳥追観音には、だいぶ以前に赴いた経験はあるものの、その時は関心の向きが異なり、筆者自身は調査を実施していない。そこで以下、伊藤論文によりながら報告することにしたい(21)。

大正年間(一九一二〜二六)には、寺の前を走る道路(旧越後街道、現国道四九号線)は、荷馬車や荷車が往来するだけの細いものだった。参詣者は地元の人びとが多く、現在も観音講が残っていることから、妙法寺は地域社会とかかわりが深い寺であった。その後(昭和四〇年ごろか?)路面が舗装されたが、このころは自動車が二台すれ違えないほど狭い道路であった。そのため参詣者は現在ほど多くはなかった。それでも新潟、山形などから参詣者があり、バスによる団体参詣が少しずつみられるようになった。昭和四七年(一九七二)に二車線化されると、遠くは三重や富山方面からもくるなど個人参詣、団体参詣の両者とも地域が拡大した。同寺の団体参詣者の人数も増加の一途をたどった。先にも述べたように、新潟県内のバス会社が三観音を巡るツアーを企画したためである。多い時には一日五〇台のバスが寺にやってきたという。個人参詣者は自家用車を利用してくる場合が大半で、近年では口コミのはたす役割も大きく、「近隣の知人・友人に聞いてやったきた」という参詣者もかなりいるそうである。

往生祈願の方法は、本尊に祈った金剛寿命尊の腹帯を撫で、「抱きつき柱」に抱きついてから、先述のように西の出口より堂の外へ出るというものである。この「抱きつき柱」には、他の二観音と異なって善男柱、善女柱があるのが特徴である。妙法寺・鳥追観音では、極楽往生のための祈禱を行なっているが「二世安楽」の祈禱と依頼者には説明している。また肌着・下着への祈禱については、参詣者が持参しとくに希望があった場合は、未使用のものに限って判を押している。参詣者の割合は、六〇歳代から七〇歳代のどちらかといえば女性が多く、定年退職した男性や、そのような夫を持った女性がつれ添って訪れる傾向もみられる。なかにはリピーターもおり、その場合には二タイプがあり、一つは団体参詣への参加をきっかけにこの寺の存在をしり、その後、個人的に続けて参詣している場合である。二つめは、家族のなかで継続して信仰が伝えられている場合である。妙法寺・鳥追観音のご利益の多様さについては先に触れたが、縁結び、安産、子育て祈願などを目的に訪れた参詣者が、子供が大きくなって手が離れた際に、今度は自分の安楽往生を祈願しにやってくる。さらには子育て祈願をしてもらった子供が、また安産祈願や安楽往生祈願にやってくる等々である。

中田観音

『角川日本地名大辞典7・福島県』には次のように記されている。鎌倉時代の当村域には、富塚盛勝と称する豪族がいたと伝えられ、佐布川（会津高田町）の江川長者の娘常姫との恋物語がある。根岸（大字米田）には富塚の屋敷跡と称するところがあり、この地の弘安寺は弘安年間（一二七八～八八）に創建されたと伝えられている。本尊銅造十一面観音には、文永一一年（一二

七四）の刻銘があり、弁天堂とともに、国の重要文化財に指定されている。(22)

弘安寺・中田観音の縁起は以下の如くである。会津高田町佐布川村に江川常俊という長者がいた。しかし江川長者には子供がなく、法用寺に祈願して子供を授けていただいた。娘・常姫一七歳の春、お礼のため法用寺境内の「虎の屋の桜」の満開の時に参詣し、地頭・富塚盛勝と出合った。その時盛勝公二〇歳、江川常姫一七歳。この時、姫は貧しい参詣者たちの姿を見て心を痛め、かれらを救うには江川家の財産と盛勝公の財産を合わせ多少なりとも施せればと思い立ち、盛勝公に三回申し込んだがすべて断られてしまった。やがて姫は病にかかり亡くなった。長者の常俊は姫の死を悲しみ、文永一一年菩提のために観世音の像を鋳造させた。弘安二年（一二七九）盛勝公は伽藍を造営し、弘安寺と名づけた。

中田観音のご利益は（1）縁結び、（2）安産、（3）悪事災厄を除き、二世安楽にして病魔平癒しその寿命長寿にあるという。そうして「死病の床についたときは、三日、五日、十日にして成仏するように柱に抱きつきます。この中田観音を日限り抱きつき観音、又はころり観音と言い伝う」とのことである。(23) 中田観音の年中行事は次のとおりである。

正月三日……………初縁日
六月一～三〇日………恒例大祭
八月九～一〇日………四万八千日

一一月一〜一〇日……菊祭祭典
毎月一七日…………観音の命日

日程は多少異なるものの、三観音における年中行事は、初詣り、例大祭、四万八千日、菊供養・菊祭とほぼ共通している。なお、中田観音の菊祭についていえば、かつては年寄たちが大根・ゴボウ・カボチャなどの収穫物を一対思い思いに持参し、一本は奉納して残りの一本を持ち帰って食べると、願いがかなうというものであった。ところが年寄たちが「そんな重いものを」というようになり、菊の花一対に切り替えて今日に至っている。少なくとも先々代の時は菊になっていたそうで、大正期以前の変化と思われる。たぶん行事の名称もそれに合わせて変えたものと推測される。「他の観音さんは、内の菊祭にならって行事に取り込んだ」と、住職は中田観音のオリジナリティをしきりに強調していた。

ここにも古くから新潟方面の参詣者が多く、今でも七〇パーセントぐらいを占めているという。昭和四〇年代後半に、新潟と福島県の浜通り（磐城）とを結ぶ国道四九号線が舗装されると、中田・立木・鳥追の三観音が宗派を越えて連携し、「コロリ三観音」として積極的に宣伝した。このきっかけは、かつて鳥追観音の住職が冬場一〇年ほど中田観音に通ってお勤めをしていたことがあり、「三観音として打ち出さないと、うちには参詣者もこない」といいだした。門前の観音茶屋のご主人の勧めもあって、中田観音の住職は連携することに同意したという。今ではその鳥追観音への参詣者がもっとも多いほどであり、ひところは年間三〇万人に達することもあった。バブルがはじけて参詣者はだいぶ減ったが、中田観音の場合今日でも年間一二万人ほど訪れる。新潟や県内のみならず、東北や関東の都県からの参詣者もいる。

観音堂内の、ご本尊に向かって右側にある「抱きつき柱」は、別名「縁結び柱」と称する。かつては八月九、一〇日の四万八千日の日に限り、柱に布の切れ端を結びつけて抱きつき、諸願を託した（写真8参照）。今では日も限らず、しかもただ抱きついて祈願するだけになっている。

写真7　中田観音（新鶴村・弘安寺）

写真8　観音堂内の「抱きつき柱」
（中田観音）

中田観音では祈禱札、お守りの類のほか数多くの安楽往生グッズを販売している。十一面観音祈禱札、中田観音枕カバー、安眠健康枕守り（備長炭入り）、不動守り、身代わり災難除け守り、一年のお達者絵馬、三観音掛軸、夢叶うお守り、健康お守り、健康成す（茄子）お守り、黄金カエル守り、菊鈴、地蔵守り、七福神、中田観音守り、玉守り、肌身守り、錫杖交通安全守り、交通安全守り、金運守り、方位厄除守り、ランドセル型キーホルダー守り、本水晶猫目石（不思議なパワーであなたを守ると説明書にある＝筆者注）等々である。ただし、枕カバーを売るようになったのは数年前のことである。他のコロリ観音を回ってきた参詣者には、「○○観音さんには置いてあるのに、どうしてここにはないの」という人も多く、多少取り残されたような気もしてやむをえずおくようにしたという。中田観音では、お守りを作成する際一つ一つ観音のご身体に触れ、ご祈禱をした上で販売している。購入者は具合の悪いところをこのお守りで三回さすって、それを枕の下に置いて休めば治る、としてきた。「だから枕カバーなど……」という気持もあったようである。

参詣者のなかには、下着を持参して「朱印を押してくれ」と頼む人も多い。住職が「それをどうするのですか」と伺うと、「肌身につける」というので、「仏をないがしろにする行為」と思って丁重にお断りすると、「他の観音さんは押してくれるのに」と文句をいわれるそうである。しかし中田観音側も、そうした参詣者の要望をまったく無視しているというわけではない。一二年ごとの巳年に限って受けつけているのである。「なぜ巳年なのですか」との筆者の問いには、「縁起に記載されている」との返事であったが、その縁起は拝見させていただけなかった。中田観音で出している小さなパンフレットに、「会津中田観音の巳年の御利益　平成一三年は巳年です。

この十二年に一度の巳年に肌着（シャツ、パンツ、お腰、枕カバー等新しいもの）を、御祈禱して身につけると腰から下の病気にかからない。又、身を守るということです」とある。このように新しい肌着に限り、しかも家族の分を合わせてたくさん持ち込む人もいることから数を制限して受けつけているとのこと。持ち込まれ三、四人分の物を一組として祈禱をし（約一時間半かかる）、団体分についてはその場では祈禱をせず、あとで実施して返送する形をとっている。

結びにかえて

以上、山形市内の三ヶ所と会津地方の三観音のコロリ信仰について報告した。会津コロリ三観音は、交通事情の好転に乗じて連携し、大々的に宣伝を繰り広げた。行政や観光業者も全面的にバックアップし、マスコミ報道も結果的にそれを支援する形となり、コロリ信仰の拠点として、不動の地位を築くに至った。もともとは経営戦略による三観音の提携であったが、会津コロリ三観音巡りの宗教的意義づけは次のようになされている。(24)

人はすべて三毒（貪欲《トン むさぼり》、瞋《シン いかり》、痴《チ ぐち》）によりて、もろもろの苦悩を受ける。三観音（鳥追観音、立木観音、中田観音）を巡拝し、罪障消滅を念ずれば、苦しみを除き、現世に無比の幸福を得さしめ、寿命安楽、福寿円満にして悲願の大往生を遂げさせ給うと云う。

三観音のご利益は先に紹介したように縁結び、安産、子育てなど多様であるが、観音が持つ功徳「二世安楽」を巧みに活用し、また高齢（化）社会に対応する形で「コロリ祈願」、「安楽往生祈願」に特化させたのである。三観音は提携していることが理由なのか、もともと本尊を同じくすることに要因があるのか判然としないが、「抱きつき柱」を介して安楽往生を願うという形も、年中行事も類似している。その一方でオリジナリティを強調したり、独自性を出そうと切磋琢磨している。また、参詣者が持参する肌着への対応姿勢も、住職の考え方によって若干差が見出せた。

一方、山形市の風立寺も、寺院の立直しから、コロリ信仰を前面に打ち出して多くの参詣者を集めるようになったところである。観光の名所山寺（山形市山寺・立石寺）を近くに控えていることも幸いした。本尊は阿弥陀であるが、もともと極楽往生を約束してくれる仏であり、「後世安楽」と結びついて人びとに受け入れられていったのだろう。長谷堂のそれや平泉寺といった山形市内の他の二ヶ所は観音を祀るもので、こちらは地道な宗教活動に徹しているが、口コミを通して信仰が広がったものである。山形市内の場合も、これら三ヶ所を巡拝する人がいるそうである。

一方、参詣者であるが、大半は女性である。会津コロリ三観音や山形市の風立寺などは団体客が多く、物見遊山の人が目立つものの、深刻な事情を抱えた人も少なくない。年老いた老人もいれば、寝たきり老人の介護に当たっている人、あるいはその家族もいる。また過去に介護経験を持つ人もおり、自分の行く末を念じつつ、「身内を同じ目に会わせては……」という思いも他方ではあるように見受けられる。男性は一般的に看取ってもらう立場であり、比較的気が楽であるが、寝たきり老人の介護で苦労している連れ合いの姿に、いたたまれず参詣した、というケースもままみられる。介護される者とする者の存在、そして両者の切実な思い。これがコロリ信仰隆盛の要因にほかならない。なお、団体で出向いた後、改めて個人で参詣するという形も目立つし、子供のころおばあちゃんにつれられてやってきて、彼女が安らかに往生をとげたので自分も年ごろになってやってくるようになった。あるいは母親についで自分も信者になった、といった連鎖も、信仰を継続せしめる一つの原動力といえる。

註

(1) 木村博『死―仏教と民俗―』名著出版 一九八九年 四七頁。
(2) 同右 四二～四九頁。
(3) 松崎憲三「ポックリ(コロリ)信仰の諸相㈠―東海地方を事例として―」『日本常民文化紀要』二三輯 成城大学大学院文学研究科 二〇〇三年 八一～一一七頁。
(4) 例えば一九八六年九月一〇日付朝日新聞夕刊「お年寄りは……柱にポックリ祈願参拝ふえる『抱きつき観音』」など。
(5) 立川昭二『病気を癒す小さな神々』平凡社 一九九三年 四〇～四五頁。木村博前掲(1) 五七～五八頁。
(6) 木村博「現代人と『ポックリ』信仰」『仏教民俗学大系7・仏教民俗の諸問題』名著出版 一九九三年 四五～四六頁。

(7) 木村博前掲(1) 四九～五二頁。武田正「ころり薬師」『おんなのフォークロア』岩田書院 一九九九年 二二四～二二七頁。
(8) 武田正前掲(7) 二二五～二二六頁。
(9) 木村博前掲(1) 四六～四九頁。
(10) 竹内理三他編『角川日本地名大辞典6・山形県』角川書店 一九八一年 六二九および八六四頁。
(11) 木村博前掲(6) 一九六頁。
(12) 竹内理三他編前掲(10) 六六六頁。
(13) 伊藤由佳子「ポックリ信仰の諸相」成城大学大学院、一九九六年度提出修士論文。未発表。
(14) 竹内理三他編前掲(10) 三八九および八六〇頁。
(15) 伊藤由佳子前掲(13)。
(16) 歴史春秋社編刊『会津コロリ三観音』一九九三年 一～三二頁。
(17) 竹内理三他編『角川日本地名大辞典7・福島県』角川書店 一九九一年 五六一および一〇七八、一〇七九頁。
(18) 立川昭二前掲(5) 四三頁。
(19) 竹内理三他編前掲(16) 一二五〇～一二五一頁。
(20) 歴史春秋社編前掲(16) 二一～二三頁。
(21) 伊藤由佳子前掲(13)。
(22) 歴史春秋社編前掲(16) 五～七頁。
(23) 同右 五～七頁。
(24) 同右 四頁。

Ⅲ　ポックリ信仰の消長

栃木県宇都宮市周辺のポックリ信仰について、久野俊彦は二つほど事例を報告している(1)。

〈事例1〉宇都宮市西刑部町のI家のおばあさんは、一昨年（一九八二年か＝筆者注）に九五歳で亡くなったが、生前にこんなことをいっていた。「自分は歳をとっても、家族にしもの世話にならないで死ぬ」と。結局おばあさんは、しもの世話にはならずに死んだ。死んだ後、タンスから水引で結ばれたおばあさんの腰巻がみつかった。

〈事例2〉先の庚申の年（一九八〇年）に、真中に「申」と書いてある猿股をはくと、ポックリ逝けるというのが、宇都宮あたりで売り出された。それを買ってきてはく人も多く、それ以来、今でも売っているという。

後者について久野は、「今日の高齢化社会の問題を背景として、洋服屋が『申』を『去る』にかけて売り出し、流行《はや》らせたもののようである」とみている。また前者については、「おばあさんは水引を結ぶことによって腰巻きに封をし、用いなくても済むよう念じたのだろう」としている。その上で、「『申』の猿股は新しく作られたものだが、それが、発想されたり、流行ったりする背後には、I家のおばあさんのような、下ばきに対する伝承があったのだろう」と結んでいる。実際ポックリ信仰は「しもの世話になりたくない」という心意を前提としており、下着とも無縁ではない。各地に存在するポックリ信仰対象の寺院、堂宇でも腰巻やパンツの類に祈禱をする例もみられる。しかし、個人個人の行為・習俗となると把握がむずかしく、その意味で、久野のI家のおばあさんに関する報告例は貴重この上ない。

筆者は先に東海地方と東北地方のポックリ信仰について報告を試みたが、(2) 小稿では関東地方に焦点を当て、参詣する側にも留意しつつ、ポックリ信仰の対象として特化された宗教施設の形成過程とその実態を分析することにしたい。ポックリ信仰の対象となっている神仏は、観音菩薩、不動明王、釈迦如来、地蔵菩薩などである。(3) ちなみに、地蔵菩薩の全国各地の信仰についてはⅣ章で改めて取り上げたい。

一　観音菩薩とポックリ信仰

関東地方で観音菩薩がポックリ信仰の対象となっているのは、管見のおよぶ限りでは四ヶ所である。東京都八王子市長房町・龍泉寺（浄土宗）、埼玉県日高市高萩・常満寺（曹洞宗）、前橋市駒形町五丁目・駒形長寿観音、群馬県渋川市祖母島《うばしま》・千手観音、以上四施設である。それなりに歴史を持つものもあれば、近年創設された寺院・堂宇もある。以下順を追ってみていくことにしたい。

龍泉寺の水崎観音（八王子市）

龍泉寺は、八王子市のほぼ中央部に位置する長房町にあって、南浅川北側の丘陵地南麓にたたずんでいる。『新編武蔵風土記稿』には

龍泉寺　除地　七段四畝二十歩　小名水崎にあり、浄土宗瀧山大善寺末桃源山と号す開山方譽寂年を詳にせず、本尊阿彌陀木の坐像長一尺許、本堂六間に四間半にして南向なり

とあるのみである。(4) しかし同寺が伝える縁起によれば、開山は永禄元年（一五五八）、西蓮社誉来給上人によって創建され、その後、浄土宗関東大檀林の筆頭大善寺の末寺となった。同寺は再三火災に見舞われたが、寛保二年（一七四二）に第十世秀善上人が再興し、千人同心組の香華寺となるなどして再び栄えた。本尊は阿弥陀如来座像で、作者は鎌倉時代の仏師康慶とされている。また江戸期以来境内に観音堂があり、八王子八景の「水崎観音」としてしられていたが、明治初年堂宇が腐朽したために取りこわし、現在は本堂の本尊脇に安置されている。創建以来、瀧山大善寺の末寺となっていたが、大善寺の単立法人化により、増上寺末寺となって現在に至っている。(5)

ちなみに、今日ポックリ信仰の対象となっているのは本尊の阿弥陀如来ではなく、「水崎観音」の方であり、「ぽっくり観音」とも呼ばれている。そして「水崎観音さま」と題する伝説も伝えられており、その内容は、次のようなものである(6)。

長寿をいただいて、達者ならよいが、もしも弱ってしまい、はたのもんに迷惑をかけるのでは、なんとも申し訳ない。「ぽっくり往生できたら」というのは、だれしもが願うことじゃ。その〝ぽっくり往生〟を果たしてくださるのが、下長房村の龍泉寺においでになる、水崎の観音さまだといわれておる。〝水崎〟というのは、川へ突き出たところ……というのがふつうの解釈じゃが、さきは幸（さき）のことで、川のむこうに極楽があるという意味なのじゃ。ちょうど観音堂があったところが川に臨み、川瀬を渡る向こう岸が彼岸の浄土じゃ……といわれた。そこで、水崎の観音さまに祈願するのが、お彼岸のうちがよろしいと、近郷の衆が、連れ立って観音参りをしたそうじゃ。しかし、なにも〝ぽっくり往生〟は、お彼岸にかぎったことではないぞ。ふだんの心掛けが、なによりも大切じゃよ。

この伝説に記されているように、春秋の彼岸の時期にお参りして拝むと、極楽往生ができる、ポックリ往生ができるとされ、とくにこの期間中は参詣者で賑わう。先々代の住職のころは、お彼岸の中日だけ観音さんの厨子が開帳となったが、先代住職（二〇〇三年度で七回忌）のころから参詣者が多くなり、中日だけでなく、彼岸の期間中開帳するようにしたという。なお、先々代は増上寺に勤めながら、龍泉寺を預かり、大正時代には観音のお札を配付するようにした。しかし昭和三〇年ごろまではそうはけず、多くは余っていたという。昭和三〇年代後半から四〇年代に入って参詣者がふえたようである。二〇年ほど前（昭和五〇年代後半）に永六輔が「土曜ワイドショー」でとりあげるなど、再三マスコミが取材にきたとのことであり、マスコミがとりあげると一、二年は参詣者が増加するようである。一〇年ほど前がピークで、今は安定期とのこと。それでも春秋の彼岸時には、お守り、お札ともそれぞれ一〇〇〇枚以上ははけるという。

参詣者は家族がつれ立ってくるもの、グループで訪れるもの、老人会や養老院がバスをチャーターして押し寄せるものとまちまちである。参詣者の何人かにお話を伺ってみたが、その内容は以下のとおりである。

写真９　「水崎観音」を参拝する人びと
（八王子市・龍泉寺）

●八王子市内在住　八五歳、女性。息子夫婦とやってきた。毎回くることにしている。顔見知りの人たちと元気な姿を確認し合うのが楽しみだそうである。

●八王子市内在住　八二歳、女性。八

四歳のご主人と女友だちと三人でやってきた。市民会館に勤めていたころ、近所のおばあさんから「兄弟が何人もいて、すべてポックリ往生したが、皆龍泉寺にお参りに行っていた」という話を聞き、自分もくるようになった。もう二〇年以上春秋の彼岸にきている。お守りはいつも財布に入れておき、次にきた時にとり替えてもらう。「六回くると満願」と聞いているが、それでもずっと通い続けているとのこと。

●調布市在住　七〇歳代三人の女性グループ。一人の女性は、娘が友だちに聞いて「出かけてみたら」というので、二年前からくるようになった。親は一週間で、兄弟は倒れてその日のうちにポックリ往生したので、自分もあやかりたいと思ってやってくる。一人できたこともあるが、友だちを誘うようになり、今日に至っているという。

●横浜市在住　六、七〇歳代の三人の女性グループ。新聞をみてしり、友だちを誘ってやってきた。春秋ともにくるが今回で三回目。一人の女性は「主人を誘ったが、いやだといってこなかった」と笑っていた。残る二人は主人に先立たれたそうである。一一時ごろきて、本堂に用意されたテーブルで昼食をすませてすぐ帰る。彼岸のさなかなので、遊んでもいられず、どこにも寄らずに帰るという。

わずかな人にしか聞き取りをしていないが、二〇年以上も通い続けている人もいれば、きはじめたばかりの人がおり、新聞でしった人がいる一方、口コミによりその存在をしり、仲間を誘い合ってやってくる人が案外いることが判明した。檀家の家族がお墓参りにやってきて、ついでに年寄が立ち寄って帰る姿も珍しくない。しかし多くは各地から訪れる人びとで、その信仰圏は八王子を中心とする東京のみならず、神奈川、埼玉、千葉、山梨方面にまでおよんでいる。毎回彼岸の中日がもっとも賑わい、一一時ごろから常連の顔見知り同士がお互いに元気だったことを喜び、挨拶をかわし、昼食を伴にしながら交歓する風景がみられる。そうして、また、次回あるいは来年の再会を約束しながら別れる光景も目につく。つまりこの時ばかりは、本堂も同じ境涯にある老人同士の憩いの場と化すのである。ちなみに「水崎観音」にまつわる伝説はもう一つあり、それは「浄土むかえ」と称する次のようなものである。(7)

延命・長寿の神仏は、かずかずおいでになられるが、寿命をさずかったあと、さてと、そのあとまでご利益をいただける神仏は、それほどにはおいでにならんもんじゃ。長房村の龍泉寺には、ありがたい「下(しも)の観音」がおいでになる。やさしいお姿で、長寿の上に、下の健康までおさずけ下さるという。楢原村の孫六十というお人などは、孫を六十人みるまでしゃっきりと丈夫ですごし、だれからも下の世話にならずに保久利(ほくり、ポックリ)往生した。中野村のユキ婆さまは、白寿をこえても足腰ががっちりして、十歳も年下の近所の年寄りのめんどうをみていたが、ぽっくり旅立ったそうじゃ。さて……浄土迎えの日は、どのご老人にも、観音様からのお告げがあるという。「まもなくお迎えじゃ」と、ご老人が家の者に礼をいい、静かに目を閉じると、ぽっくり浄土に旅立っていかれる。そのとき、一筋の慈光が、ぱっと輝くそうじゃ。

ここには、「健康で長生きし、万一病気になったとしても下の世話にならず、安らかに往生をとげる」といった老人たちの切ない思いが綴られている。先の「水崎の観音さま」とこの「浄土のむかえ」をくらべると、前者では極楽往生をとげたいという願い、彼岸に観音が迎えにくるという来迎信仰を基調としたものが、後者になると病むことなく健やかに暮らし、しもの世話にならずに往生をとげたい、といった現世利益を中心としたものにウェートが移っている。いずれにせよこのような伝説は、現世および来世の二世安楽を約束してくれる観音のご利益を端的に物語っているといえる。

常満寺の千手観音（日高市）

日高市高萩は新興団地が立ち並ぶ地域で、ＪＲ川越線高萩駅を中心に、新しい市街地が広がっている。その一角に常満寺、通称ポックリ寺がある。本尊は千手観音であるが、本堂前には石像のボケ封じ観音も祀られている。ちなみに常満寺は、佐賀県呼子町にある石上山龍昌院の東京別院として、平成三年（一九九一）に創建された新しい寺院である。呼子町にある龍昌院は、江戸時代の鯨組、中尾家の菩提寺としてもしられ、鯨の供養墓もある。常満寺を開山した先代住職は、高齢（化）社会を見越して、延命ボケ封じ・ポックリ信仰のご利益のある寺院を、東京近郊のこの地に建てたという。当初からポックリ信仰などに特化してつくられた寺院ともいえるが、祈禱寺、祈願寺にとどまらず、墓地も造成し、檀家もそれ相応にある。

新聞などにもしばしばとりあげられたことから、参詣者も多く、年間六〇〇〇人から一万人ほどいる。高齢の親の安寧を願う中、高年層の女性参詣者が多く、信仰圏は日高市内はもちろんのこと、さいたま市、川越市、和光市、朝霞市、入間市、新座市、飯能市など埼玉県南部と府中市、大田区、練馬区といった東京都内、さらには千葉県、神奈川県にまでおよんでいる。参詣者のなかには自分の守り本尊を持ち帰る人が多く、なかには親のそれも買って帰り、枕に入れたり、さらには往生すると棺桶のなかにそれを入れる人もいるという。下着の祈禱を依頼するケースもあるとのことである。

駒形長寿観音堂の長寿観音（前橋市）

情報化時代の今日、マスコミを通じて民俗や風俗が広がるケースがめだつ。後ほど報告する千葉県大原町（現いすみ市）・顕妙寺（日蓮宗）の保久利大権現も、そうしたものの一つである(8)。この駒形長寿観音もその例に漏れない。同観音堂縁起に次のようにある。

奈良県北葛城郡香芝町に阿日寺と云う由緒ある格式の高い寺があります。今から凡そ一〇三〇年前、恵心僧都が此の寺に生まれました。（中略）恵心僧都は大変親孝行な方で母の臨

写真10　駒形の長寿観音堂（前橋市）

終の際、母に新しい浄衣を着せ、長寿の観音様のご守護を感謝し、仏力加祐の秘法と共に母と声を合わせて称名念仏されましたところ、三百余遍に至って母は無苦正念にほほえみながら安楽往生を遂げました。此の事が世に伝えられると、多くの人が「厄除け長寿安楽往生」にあやかろうと此の寺に参詣して、「ぽっくりさん」と云って信仰するようになりました。

当地有志の者、これを伝え聞き身近な所に安置して信仰しあやかりたいと、昭和四八年六月阿日寺に参詣し、長寿観音の分霊を、入魂祈禱を受けていただいて参りました。そして全町民の寄進を受け、駒形長寿観音堂を建立し、ご本尊を安置し信仰を捧げることになりました。（後略）

ここに記されているように、マスコミを通じて香芝町（現香芝市）良福寺の阿日寺（浄土宗）のポックリ信仰についてしるにおよび、駒形町の有志九名が思い立ち、さる名家にあった観音像を持って先方に出向き、入魂してもらい、それを持ち帰った。観音像は木像厨子に入り、高さ、四〇センチほどである。昭和四八年（一九七三）に駒形地区二七〇〇世帯の方々の協力を得て、お堂を建立した。「霊入れした際、へんな箱をもらってきた」というので、みせてもらったが何の箱かは理解できなかった。ご承知のとおり、阿日寺のご本尊は阿弥陀如来である。駒形の人びとに観音像を持ち込まれて当惑した阿日寺の住職が、阿弥陀の魂をここに封じ込めて持たせたのではないかと勝手に想像をふくらませている。駒形の人びとは阿日寺のご本尊についてはあまり気にしていない様子であり、ことほどさようにおおらかなのが（それでいてたくましいのが）民俗宗教なのかもしれない。

駒形長寿観音の縁日は毎月一八日。新年初詣は一月八日、春季大縁日四月八日、秋季大縁日一〇月一八日となっている。大縁日の時は真楽寺（真言宗）住職にきていただく。天候次第だが、大縁日にはコンスタントに四、五〇人は参詣するそうである。信仰圏は群馬県内のほか、茨城県、埼玉県、東京都、千葉県あたりという。なお、観音堂の隣接地に福聚殿を建て、毎日午前中奉賛会々員の人たちがここに詰めている。奉賛会々員は老人クラブの有志にほかならない。駒形では昭和三八年に老人会が発足し、同四八年に老人クラブと改称したがメンバーは一五〇人あまりである。参詣者に配付する祈禱札も老人クラブで作成し、真楽寺さんに祈禱してもらったものを渡している。なかには下着を持参する参詣者もおり、そういう人には朱の印を押して差し上げるそうである。

福聚殿は駒形長寿観音堂の管理詰所であり、また老人クラブの会所でもある。詰めかけた老人たちが会話をかわし、お互いに活性化をはかりながら参詣者に対応しているのである。ちなみに老人クラブでは年二回の旅行を実施しており、この時だけは貼り紙をして留守にするそうである。

祖母島《うばしま》の千手観音（渋川市）

渋川市祖母島は榛名山北東麓、吾妻川下流右岸に位置し、リンゴ・シイタケ栽培、造園樹木・鑑賞用樹木・養鶏・酪農などの多様な農業経営がみられる。祖母島の千手観音、通称ポックリ観音は、旧宗光寺の境内仏であった。宗光寺は戦後のある時期、同市金井の金蔵寺（天台宗）に吸収された。先々代の住職（たぶん金蔵寺の兼務）の時、檀家も少なく、しかも本堂も痛み、修繕費もままならないというので金蔵寺との統合とあい成ったのである。その先々代と、現千手観音の管理者である高橋伊三郎氏（大正三年生れ）の父親が、かつて檀家大世話人などを勤めた関係で親しく、そうしたことから伊三郎氏が「自分がお経をあげにくる。お金はいらないからどうか祀ってやって欲しい」と先々代住職に頼まれてしまったのである。以来管理を引き受けているが、今日では老人会（メンバー一三〇人）有志が掃除をしたり、お堂のお守りをしている。

伊三郎氏は第二次大戦前まで東京の立川に住んでいたが、戦時中奥さんの実家のあるこの地に疎開し、そのままここにいついてしまった。老人会は昭和三八年に発足した。会員が三〇人に満たないと市からの補助金が得られないということで、同氏は四〇代だったが賛助会員になってしまった。当時会計などを担当され、会長代行を経て七五歳ぐらいで会長になった。そのころから老人会が千手観音に積極的にかかわるようになったそうである。縁日は五月八日で、老人会が清掃し、お供えものをし、お経をあげるだけである。しかもポックリ観音のことをしっているのは七〇歳以上の人だけである。かつて年寄たちは「石段の上からみると（お堂と同じレベルの土地に建って見ると＝筆者注）、目がつぶれる」といい、石段を上がらずその下で拝む人が多かったという。これだけあがめられていたポックリ観音も、今ではすっかり忘れられた存在となり、他処からやってくるのは年間一人、二人にすぎない。

二　釈迦・不動とポックリ信仰

宗柏寺のお釈迦さま（東京都新宿区）

宗柏寺釈迦堂が伝える「一樹山寺縁起」は次のような内容である。

昔からお釈迦さまと呼びならはされた御利益を頂けることで有名な当山のお釈迦さまは、今から約壱千参百年の昔伝教大師という方が、時の帝のおおせによりて人々の幸福のために自ら彫刻された御尊像であります。この御尊像は比叡山延暦寺の御本尊として永く祀られて居りましたが、戦国の織田信長の代に、宗柏と呼ばれる学の深い上人がお釈迦さまを火の中からお護りし、この牛込の土地まで逃れて参りました。この時あまりの暑さに一樹の蔭に休まれた宗柏上人の為に、お釈迦さまは清水を湧出して渇をうるおすという霊験を現わされたのであります。一樹山宗柏寺という山号はまことにこれによるものであります。（以下略）

この縁起には、残念ながらポックリ信仰のことが何ら記されていない。木村博はある婦人から「自分の体の始末も出来ずに、苦しみながら長患いして、もう一層のこと早く死なせて貰いたいと思った時などは、家の者に『牛込のお釈迦様』に行ってもらい、『護符』を頂いてきたものである。そのお寺にゆくと、お寺ではまさかすぐ死ねる護符だとはいわない。病気が治るようにというのだが、いただきにゆく人は、すぐ死ねるように、という気持ちで行った」という聞き取りを得ている。そうして木村はさっそく同寺を訪れ、住職に安楽死のことを尋ねたが、一向にそれらしきことは語ってくれなかったという。(9) 筆者が訪れた時も、住職はご丁寧に対応してくださったが、ポックリ信仰のことには一切触れなかった。あまりのしつこさにかただ一言、「法華の教えに『臨終正念』というのがございます」といってくださった。ちなみに「臨終正念」とは、まさに命が終わろうとする時、妄念をしずめて安らかな気持で仏の来迎をまつことにほかならない。(10)

なお、同寺では二種類の護符を頒布している。そのうちの一つは、本紅で作った赤い粒のもので熱さまし用、もう一つは身延山周辺の上沢寺のイチョウから作った黒い粒のもので毒消し用だという（このほか、昭和四〇年代から「安全飛行お守り」も頒布している）。このうち赤い粒のものについては、お百度を踏んだ人にしか頒布しないそうである。実際お百度を踏む人も少なからずみられ、病気の平癒祈願のみならず、ポックリ往生を願う人もなかにはいるのだろう。木村の聞き取りにあった「お寺ではまさかすぐ死ねる護符だとはいわない」で思い出したのは、近江の理趣分を繰る習俗についての松崎かおりの報告である。「日野市中之郷では、治癒の見込みのない病人が苦しみ出した時に、佐久良集落在の仲明禅寺（曹洞宗）にリッシンブのお願いに行ってお経をあげてもらうと病人がラクになる」と考え、病人の安楽往生を願って住職のもとに赴く。しかし住職の方では、おそらくかれらが何の目的でやってきているのか承知のはずだが、住職によれば「人々の言うリッシンブとは大般若のなかの理趣経のことで、主に地鎮祭などの祈禱全般に詠まれるもので、人の臨終に特にかかわりの深い経でもなければ、人の死を願う経をあげる訳がない」と、強い否定的な態度をとったという。そうして松崎は「むしろ、肯定してしまっては人の死に対して幇助したことになり、具合が悪いことなのだろう」と結んでいる(11)。あるいは宗柏寺住職の気持にも、これに近いものがあるのかもしれない。

仲明禅寺、宗柏寺の場合、参詣者の心情をそれなりに理解しながらも、建前上はそれを無視（あるいは黙認）している恰好になる。しかし一方では、参詣者の祈願内容をまったくしらないものの、実際にはポックリ往生祈願の参詣者が少なからず訪れている、という宗教施設がある。茨城県水海道市大塚戸町に鎮座する、一言主神社がそれである。千葉県野田市周辺の人びとは、ポックリ往生祈願のため一言主神社を訪れており、昭和四〇年代半ば以降さかんになったという。[12]神社側はそのことをまったくしらず、当然数多いご利益のなかにもそのことを謳っていない。「一言」の祈願内容は個々人の置かれている立場によって多様だろう。高齢化が進んでこの種祈願内容が多くなるのは必定であり、ポックリ信仰の対象として特化されていないにすぎない。同様の宗教施設は多々存在しているものと考えられる。

慈光寺のポックリ不動（岩井市）

弓田は岩井市の北部にあり、谷津は水田、台地は樹林・樫垣に囲まれた住宅が混在する畑地の農業地域である。米・タバコ・白菜・ハウス栽培のレタス・トマトなどを産する。[13]慈光寺刊行の「ポックリ不動尊」なるリーフレットによれば、

当山は、奈良時代の天平一八年（七四六）に、行基菩薩の高弟がすべての悪魔を退散させ、世の中を平和にするという衆魔降伏、真理円融の道場として創建され、不動明王が祀られた。当時は、法相宗に属し智恩院と称されていた。平安時代に入り、平将門が岩井に常所を構えた。その時から当山を鬼門除けの守り本尊として深く信仰していたと伝えられている（中略）。鎌倉時代の初め伝教大師の法孫で俊芿上人が下総に派遣され、岩井市大字大谷口に泉福寺を薫ずるに至り、当山も天台宗に帰属し、寺号も慈光寺に改められ今日に至っている

と記されている。また立石尚之によれば、天正四年（一五七六）には、この地において常陸下妻の多賀谷氏と弓田の領主である染谷氏が戦いを繰り広げ、そのため阿弥陀堂以外の堂宇を焼失し、不動尊をそこへ仮安置した。そのことが不動尊に安楽往生信仰がうまれるきっかけになったようで、不動尊への信心を通じて、極楽往生へ導く阿弥陀如来へ、その願いが届くものとされたのではないかという。[14] ちなみに、同寺には先の由緒とは別のものがあり、「弓田村寺方差出之事」（『岩井市史資料・近世Ⅱ』所収）によれば、元禄一一年（一六九八）当時、天台宗明王山智音寺慈光院と記されていて、天文二年（一五七四）開基とある。

いずれにしても、江戸の初めごろから不動尊への信仰が厚く、今日の東京や千葉県の野田あたりまで、多くの不動講が存在したようである。門前には宿泊所を兼ねた茶屋ができ、大正期までは、松田屋・滝田屋などの茶店が賑わった。また昭和四〇年前後には、バス三、四台を連ねてやってくる講もあったという。弓田不動尊の縁日は一月二八日、六月二八日、一〇月二八日である。これらの大縁日には、それぞれの心願がかなうようにと、お札を迎えて護符を焚く。護摩壇の回りには、信心している人びとによって百万遍の数珠が回される。この時は、弓田一区の人びとが接待に当たっているという。このほか毎月二八日には、弓田近くの人びとがお参りにきている。

元来不動尊のご利益は安楽往生であるが、このほか家内安全・商売繁盛・家業発展・厄難消除・病気平癒・進学成就・健全成長・一願達成・良縁成就・無病息災などであり、住職の話によれば、「本来安楽往生の信仰を集めていたが、これを聞きつけていろいろな立場の人が信仰するようになり、それに応じて心願が変化してきた」という。(15)

結びにかえて

岩井市弓田・慈光寺のポックリ不動は、阿弥陀信仰と結びつくことによって、この種の信仰の対象となったとされているが、その年代は不明である。しかしながら同寺の住職は、多様なご利益のうち、本願は安楽往生と積極的にＰＲしているように思われる。それに対して新宿区・宗柏寺の住職は、ポックリ往生を願う信徒が少なからずいるものの、かれらとは距離を置いているように感じられ、寺院側と信徒との関係は微妙である。そうかと思えば水海道市大塚戸町・一言主神社のように、参詣者の祈願内容を把握しえていない宗教施設もある。生活形態や価値観の多様な複雑きわまりない今日の社会状況からすれば、それもやむをえないだろう。

小稿でとりあげたのは、不動・釈迦以外はすべて観音信仰を対象とするものだった。それなりの歴史を持ち、栄えている施設もあれば、衰退著しいものもあり、また近年、ポックリ信仰に特化して創設されたものもあった。いずれも八王子市長房町・龍泉寺のそれのように、「二世安楽」を基調としているが、「しもの世話」に対するこだわりは強く、それはこの地方に限ったことではない。そうしたなかでリピーターの参詣者たちが、元気で再会したことを歓び、談笑し、再会を約束している姿が印象的だった。また、前橋市駒形町・長寿観音堂のように、老人クラブのメンバーが、同じ悩みを抱える中高年層の参詣者に対応するという形も、この種の信仰の一つのあり方を示しているように思われた。

註

（1）久野俊彦「ぽっくり死の伝承」『コロス』一七号　常民文化研究会　一九八三年　二一～三頁。

（2）松崎憲三「ポックリ信仰の諸相㈠—東海地方を事例として—」『日本常民文化紀要』二三輯　成城大学大学院文学研究科　二〇〇三年　八一～一一七頁。同「ポックリ（コロリ）信仰の諸相㈡—東北地方を事例として—」『日本常民文化紀要』二四輯　成城大学大学院文学研究科　二〇〇四年　一～三四頁。

（3）松崎憲三「地蔵とポックリ（コロリ）信仰」『民俗学研究所紀要』二七集　成城大学民俗学研究所　二〇〇三年　一四九～一六五頁。

（4）蘆田伊人編集・校訂『大日本地誌大系・新編武蔵風土記稿』第五巻　雄山閣　一九七一年　二三七頁。

（5）龍泉寺発刊の「桃源山『龍泉寺』の歴史」と『八王子事典』（八王子事典の会編　かたくら書店　二〇〇一年　九四九頁）を整理したものである。

（6）菊地正『とんとん昔話』東京新聞出版局　一九九八年　五七頁。

（7）菊地正『とんとんむかし』東京新聞出版局　一九八七年　一〇七頁。

（8）松崎憲三「ホクリ大権現をめぐって—高松市鬼無・千葉県大原町—」『西郊民俗』一八二号　二〇〇三年一二～一六頁。

(9) 木村博『死―仏教と民俗―』名著出版　一九八九年　五八～六〇頁。
(10) 中村元『佛教語大辞典』東京書籍　一九八一年　一四三二頁。
(11) 松崎かおり「安らかな死を願う民俗」一九九七年五月一七日付　東京成徳大学における講義のレジュメによる。
(12) 野田市在住民俗学徒・小川浩氏ご教示による。
(13) 竹内理三他編『角川日本地名大辞典8・茨城県』角川書店　一九八三年　一〇三九頁。
(14) 古河市歴史博物館学芸員・立石尚之氏提供資料「岩井市弓田のぽっくり不動尊」による。立石氏の二〇〇二年七月六日調査に基づく、未発表レポートである。
(15) 同右。

Ⅳ　地蔵とポックリ信仰

　ポックリ信仰の対象となっている神仏は阿弥陀、観音、那須与一公墳墓、烏瑟《うす》（枢）沙摩《さま》明王《みょうおう》など多岐にわたっているものの、(1)地蔵はもっともポピュラーなものであり、管見のおよぶ限りでは一八例が確認されている。(2)地蔵の名称は、安楽往生のさまを表現する「ポックリ」なる用語を冠したものや、人名や祈願方法に由来するもの、地蔵の立つ向きにちなむものなどさまざまである。地蔵がポックリ信仰の対象としてもっともポピュラーであり、広く分布するとはいえ、やはり地域的には偏在している。本章では表に掲げた一三例を、便宜上、東北・関東地方の事例、そして近畿・四国地方の事例に分けて報告することにしたい。

　なお7三重県志摩市志摩町御座の「ぬれ仏」については、すでにⅠ章で報告していることから、(3)ここでは割愛する。

一　東北・関東地方の事例

東北・関東地方では、茨城県内で二基確認されているほか、秋田、山形、群馬、埼玉の各県に一基あることがしられている。5の群馬県伊勢崎市下道寺の幸三郎地蔵の名称は非業の死をとげた人物の名前に由来し、人神信仰とかかわっている。その他の名称は、いずれも人びとの切実な願いを直接的に冠したものである。東北地方では「コロリ」、関東地方とそれより以西の地域では「ポックリ」という名称をつけている。観音や薬師を信仰対象とする場合も同様である。2の山形県米沢市大笹野のイビダレ地蔵だけが特殊であるが、イビダレとは「身体がきかず、糞・小便もタレナガシの状態をいう」そうである。[4]「そうはなりませんように」といった願いがこの名称に端的に示されており、近畿地方でいう「タレコ封じ」に対応している。では次頁の表に従って、各地蔵の信仰実態をみてゆくことにしたい。

コロリ地蔵（湯沢市）

昭和四三年（一九六八）四月一日付北海道新聞「朝の食卓」欄に、「コロリ地蔵の話」なる小記事が掲載されている。[5]釧路市保護司連合会長・山本武雄氏執筆によるもので、『週刊秋田』に「コロリ地蔵繁昌の巻」というのが出ていて、それをみて一部引用しながら本人の感想を述べた

表1　ポックリ信仰関連地蔵一覧表

	名称	所在地	管理者	ご利益	備考
1	コロリ地蔵	秋田県湯沢市浦町	長谷寺（曹洞宗）	コロリ、往生	
2	イビダレ地蔵（千体地蔵）	山形県米沢市大笹野	幸徳院（真言宗）	中風（イビダレ）除け	四月および一一月二四日が縁日。
3	ポックリ地蔵（顔無地蔵）	茨城県猿島郡三和町（現古河市）山田	久昌院（曹洞宗）	ポックリ往来	もとは旧長井戸掘の河岸場にあったが、道路改修により、三〇年前に久山昌寺門前に移されたもの。
4	ポックリ地蔵	茨城県猿島郡総和町（現古河市）上大野	—	—	
5	幸三郎地蔵	群馬県伊勢崎市下道寺・共同墓地	多賀谷已喜夫イッケ	安楽往来	明治三年の銘あり。盆・彼岸に多賀谷イッケを中心に祀っている。
6	ポックリ地蔵（引導地蔵）	埼玉県所沢市上山口	金乗院（山口千手観音・真言宗）	ポックリ往来	諸病平癒の加持水あり。
7	ぬれ仏	三重県志摩郡（現志摩市）志摩町御座	—	しもの病	
8	一願一言地蔵	京都府宮津市成相寺境内	成相寺（真言宗）	ポックリ信仰	
9	梯子地蔵	京都市右京区嵐山薬師下町	薬師寺（臨済宗）	しもの病	年の数に合った段数の梯子を作って奉納する。

10	日限地蔵	京都市東山区五条通り東大路東入ル遊行前町	安祥院（浄土宗）	寝小便封じ、安産、安楽往生	願掛けには涎かけと昆布を供える。
11	北向地蔵	高知県高知市鴨部	鴨部下地区	しまいがきれい	以前は「お香水」を分けていた。旧暦六月及び九月二八日が祭り。
12	北向地蔵（ポックリ地蔵）	高知県南国市東坪池	―	往生際がよい	
13	命水延命地蔵	大分県直入郡竹田町（現竹田市）笛町寺町	観音寺（真言宗）	ボケない、寝つかず、ポックリ	平成元年建立。

ものである。コロリ地蔵に関する北海道新聞の内容は次のとおりである。

湯沢市浦町にある「長谷寺」その西側境内に小堂あり。中には大小三体の地蔵さんを安置す。さてこの地蔵信者のことだが、近頃めっきりふえて、団体参詣をくり出すようになった。信者は六〇歳以上の老人で、悲願の主題は「子供や孫さ、迷惑をかけニャヨ（かけないように）コロリと往生させてまもれや地蔵さん」というのである。

こう記したあとで山本氏は、かつて自分の生まれ故郷に中風のタレ流し婆さんがいて、嫁は飯をやらずに「あま酒」をあてがった。ばあさんは、三度、三度それを飲んではタレ流し何年目かに死んだ。私たちは嫁が因業すぎると彼女を憎んだが、兄だけは社会が悪いのだと主張し、『週刊秋田』も、手ぬるい社会福祉行政の一面である、と結んでいるとして筆を置いている。この新聞記事をもとに、木村はさっそく調査に赴いたものの、思うような結果は得られなかったようである。[6]

イビダレ地蔵（千体地蔵）（米沢市）

幸徳院の本尊は釈迦如来であるが、同院には地蔵堂があって、そのなかに高さ七、八寸ほどの土製の千体地蔵がある。この千体地蔵は、米沢の郷土民芸品としてしられている相良人形の、初代相良清左衛門（明和〜安永年間に活躍した人）の作という。この地蔵には、各寄進者の名前と「為……」と戒名が記されていたが、俗には「イビダレ地蔵」ともいわれ、「中風除け」の信仰がある。農繁期の終わった四月二四日（春）と一一月二四日（秋）の二回が縁日となっている。この春秋二回の縁日には、近在の農家の人たちが大勢やってくる。その祈願の目的は、「中風にならないように」、また「もしも中風になった場合でもイビダレにならないように、なるべく軽く済まして貰いたい」、そして「万一、ひどい中風にかかったならば、一層のこと、コロリと済ましてくれ、むしろ楽に死ねるように」というものである。[7]

中風は中気とも呼ばれ、脳卒中と同義に用いられることもあるが、一般には脳出血、脳梗塞、くも膜下出血などによる「卒中発作後、後遺症として半身不随（片麻痺）などの運動麻痺を残した状態をいうことが多い」とされている。[8] なお脳卒中は昭和二六年から昭和五五年に至るまで、日本における死因の第一位であり、現在でもガン・心臓病と並んで死因の上位を占めている。イビダレ地蔵は、いわゆる中風（半身不随）状態で寝たきりとなり、しもの世話にならないように、もしそれが避けがたいのならコロリと往生を、という願いを託された存在にほかならない。だとすれば、中風除け祈願はポックリ信仰に通ずるものがあるといえる。その意味で、ついでながら全国各地の中風除け祈願で有名な寺社をあげてみると、東北・関東では、宮城県仙台市宮城野区岩切麻山・県民の森内青麻神社、山形県東置賜郡高畠町亀岡・青麻神社、神奈川県鎌倉市大町・安養院などがしられている。中部以西では愛知県幡豆郡幡豆町大字東幡豆・幡豆観音、京都市右京区鳴滝本町・了徳寺、同上京区溝前町・千本釈迦堂、奈良県橿原市久米町・久米寺等々がしられた存在である。これらは中風除け祈願所として特化された有名な寺社であり、そのほか諸病平癒祈願の対象となっているところはあまたあり、これらの参詣者のなかにも中風除けのほか、ポックリ往生祈願をする人びとが多々いるものと考えられる。

ポックリ地蔵（顔無地蔵）（古河市三和）

久昌院山門前にあるこの地蔵は宝永六年（一七〇九）三月建立にかかるもので、光背から顔面にかけての部分が欠けている。この地蔵のうしろ側には、「ぽっくり地蔵、顔無地蔵菩薩」と書かれた、寺院が立てた木札がある。元来この地蔵は、旧長井戸沼の河岸場の上がり口にあったものだが、道路改修のため三〇年ほど前に現在地に移された。寿命がきたら長患いせず、楽に死ねるようにとお参りする人がいるという(9)。

ポックリ地蔵（古河市上大野）

この地蔵は、角柱に据えられた丸彫りの坐像であり、台座の四方には

大来妙典
供養
六十六部
願以此功徳
普及於一切
我等與衆生
皆共成佛道
享保十三戊申歳
十月吉祥日

下総国葛餝郡
上大野村願主善心

と記されている。[10] いわゆる六十六部供養塔であるが、「我等與衆生　皆共成佛道」といった祈願内容とのかかわりで、いつしかポックリ地蔵と呼ばれ、信仰されるようになったものと推測されるが、詳しくは不明である。

以上の地蔵に関する記述は、いずれも先学の成果によったものであるが、以下は筆者の調査に基づくものである。いずれにしても、その由来や流行に至る契機については、残念ながら不明な部分が多い。

幸三郎地蔵（伊勢崎市）

下道寺は、利根川中流左岸の沖積平野に位置し、地名は明治初年まで当地にあった寺院名に由来する。養蚕、機織業衰退後、米麦中心の農業や製造業への転換がなされ、現在世帯数一八〇あまりである。[11] 下道寺に隣接する富塚町には東光寺、円福寺という二ヶ寺があり、ともに臨済宗で、現在円福寺が東光寺を兼務するという形をとっている。それぞれに寺墓を所有するが、一方の下道寺には共同墓地が四ヶ所あり、幸三郎地蔵があるのはそのうちの一つである。円福寺の寺墓に隣接して二ヶ所共同墓地があり、北々西から南々東に走る小道の東側二区画のうち、北側のものがそれである。この墓域には多賀谷姓のほか、金井、沼田、今井、吉澤姓の石塔が立ち並ぶが、多賀谷巳貴夫イッケを中心にこれらの家々も、ともに幸三郎地蔵を祀っている。この地蔵のかたわらには、

幸三郎氏は新田郡世良田村米岡（現新田郡尾島町米岡＝筆者注）狩野幸次郎の長男に生る。現在下道寺四六五番地多賀谷巳喜夫さんの生家に養子となり、家業に精励し村民の敬意も厚く、其当時墓地周辺は杉の大木数多く、其杉抜林の為杉の下敷となり尊い一命を失し、享年二六歳なり、共同墓地連の温い心で幸三郎地蔵尊として幾世もつづいて参りました。此地方は農工経済の最も中心にあり、その本意信仰と本尊の幸徳を相分に、悪魔退散、家内繁昌ならんことを祈願するものなり

平成十四年春彼岸

共同墓地連中

と記された木札が立っている。幸三郎地蔵は石製丸彫り立像で、台座には「明治三午年十二月廿日」と刻まれており、幸三郎氏が幕末から明治初頭にかけて活躍した人物だったことがしられる。

人徳のある幸三郎が、共同墓地造成時に非業の死をとげたことから、地蔵として祀られるに至った。『伊勢崎市史・民俗編』によれば、「その後、幸三郎地蔵はさまざまな霊験を現し、近郷の人々の信仰を集めてきた。満願成就のあかつきには腹がけや頭巾を奉納した。老人が参詣すれば安楽に成仏するといわれ、参詣する者に幸を運んでくれる神とされており、恐らく幸三郎という名と彼の人柄が人神としてまつられる契機を作ったのであろう」という(12)。

「その後、幸三郎地蔵はさまざまな霊験を現し」といったくだりが気になるところである。あるいは安楽成仏祈願とのかかわりをしる、何らかの手がかりが見出せるのかもしれないが、今となってはわからないし確認できなかった。

地蔵堂の内壁には「幸三郎地蔵尊百年祭参加者連名」と書かれた板があり、この墓域にかかわる人びと二三名の氏名が書かれ、「平成六年九月二三日秋彼岸」と記されている。多賀谷イッケを中心とする人びとによって、今日でも春秋彼岸と盆の期間には盛大に祀られている。この墓域の周辺に墓を持つ人びとも、「幸三郎地蔵さんを拝んで帰るか」といって、墓参りのおり、誘い合って訪れるそうであり、また近在からの参詣者も少なくない。そうして祈願内容も、悪魔退散や家内繁昌のみにとどまらず、安楽成仏（ポックリ往生）を多分に意識していることがうかがえる。

ポックリ地蔵（引導地蔵）（所沢市）

金乗院は弘仁年間（八一〇～二四）弘法大師の開基と伝え、また本尊千手観音は行基の作と伝えている。同寺は文化二年（一八〇五）に開設され狭山三十三観音霊場、および昭和一五年（一九四〇）に開設された武蔵三十三観音霊場の、ともに一番札所である。その千手観音を安置する本堂左脇に地蔵堂があって、引導地蔵が祀られている。ちなみにこの地蔵堂は、寛政五年（一七九三）建立にかかるものである。地蔵は円形の光背を持つ石製厚肉レリーフの座像である。蓮弁の下の台座正面には、

引導地蔵

写真11　引導地蔵（所沢市・山口観音）

高野山引導地蔵大士者奥院蓮華谷
地蔵院之本尊也羔和二年三月十九日
大師臨入定之時手親彫之導末世衆生
欲令往佛之善巧也故稱引導地蔵菩薩
焉大師入定而移遺体於奥院之時惜別
目送之尊容也余今模刻而安不朽欲得
自他之利見者也矣亮盛誌

とあり、同寺一八世の亮盛が、寺封開

基第一世の泉海と、法流中興の一〇世賢長の供養のために建立したものである。高野山・地蔵院の本尊を模刻したもので、弘法大師入定に際して振り返ったという伝承にちなみ、顔が正面を向かず、やや斜め向きに彫られている。引導地蔵の名のとおり、衆生を未来世（あの世）に導いてくれることからいつしかポックリ地蔵とも称され、今日に至っている。寺院側も、次のような説明書きをかたわらに掲げている。

ぽっくりさん

当山十八世亮盛師が、元禄年間本山に遊学した時、高野山の引導地蔵を招来したものです。弘法大師が入定（死亡）された時、振り返って見送られたままの姿は大変貴重な形です。此のお地蔵尊を信仰される人は、永い病気をする事なくお地蔵様に由って極楽浄土へ見送られます云々。

筆者が境内をウロついていると、高齢のご婦人お二人が、「ポックリ地蔵はどこに祀られているのですか」と尋ねてきた。お話をうかがうとしり合いから聞いてやってきたという所沢市近辺の人たちであった。地蔵に関する行事はとくにないものの、二つの地方版観音霊場の札所になっていることから、巡礼者を中心とする参詣者の口コミで信仰が広がり、三々五々人が訪れてくる。本堂右奥に、弘法大師が護摩加持を修した際にこの水を使ったとされる井戸があって「加持水」

と呼ばれ、今でも汲み上げられている。そうして諸病平癒のため、この水をもらい受けていく参詣者の姿もみられる。

二　近畿・四国地方の事例

以下報告する六例のうち、近畿地方のそれと九州地方のものは筆者が調査したものであるが、四国の二例は報告書に基づいている。

一願一言地蔵（宮津市）

成相寺は、天の橋立を見下ろす成相山の中腹にあって、寺伝によれば文武天皇の勅願寺として、慶雲元年（七〇四）に真応上人が草創したという。本尊は聖観音であり、西国三十三観音霊場の第二十八番札所となっている。本堂下段の観音堂前には、舟形光背を持つ厚肉レリーフの石製座像の地蔵があり、「一願一言《ひとこと》」地蔵と称されている。康安元年（一三六一）年銘のある古いもので、説明書きには、

　一願一言の地蔵さん
　この地蔵さんは唯一願を一言でお願いすれば、どんな事でも、必ず叶えて下さると伝えら

れる、大変あらたかな地蔵さんです。
安楽ポックリの後生も叶えられると
伝承されています云々

と記されている。この地蔵への参詣は、なぜか和歌山県や三重県といった近畿地方南部の遠方からやってくる人が多く、ポックリ往生や良縁・子宝に恵まれるように祈願し、願いが叶えられてお礼参りにやってくる人もちょくちょくみられるそうである。

写真12　一願一言地蔵（宮津市・成相寺）

梯子地蔵（京都市）

この梯子地蔵は寝小便やしもの病に霊験あらたかな地蔵としてしられており、祈願のおり、あるいはお礼参りのおりには、自分の年齢に見合う段数の木製ミニチュア梯子を奉納することを習わしとしている。昭和四六年（一九七一）に前住職が書き記した縁起の概要は、次のようなものである。およそ五〇〇年間、天台宗の一人の僧侶が比叡山できびしい修行に励んでいた。ところが寝小便の癖がどうしても治らず、それが理由で破門されてしまった。その修行僧は、その後、比叡山のみえるこの険しい岩山の上で修行を重ねたところ、寝小便も治り天徳恵堯大師と呼ばれる高僧にまで出世した。大師の死後、岩山に一体の地蔵が祀られ、寝小便を治してくれる地蔵としてしられるようになった。高い所にあるので人びとは梯子を掛けてお詣りした。その後、歩いて登れるようになったが、お参りをする人は大師の逸話を忘れず、梯子を供えて祈願するようになったという。[13]古くは七軒ほどの農家がこの地蔵をお守りしていた時期もあったようであるが、現在天龍寺の門外塔頭薬師禅寺という小さな寺が管理している。前住職のころは、子供に混ざってお年寄たちも寝小便――垂れ流しをしないようにと祈願にみえ、それなりにはやっていたようである。今ではややさびれた感が否めないが、昭和五七年から寺を引き継いだ現住職樺島勝徳氏は、こうした信仰に違和感を持ち、薬師堂の雨漏りがひどかったので建て替え、それと同時に健康道場を開いた。健康道場に通ってくるのは二五、六名程度で、増えもせず減りもせずといった状態で、京都市内をはじめ豊中あたりや遠くは長野から通ってくる人もいる。年齢は二〇歳前後から七三、四歳まで幅があり、長い人で一五年通っている人がいるそうである。この健康道場は、呼吸法によって骨格のひずみを治すというもので、現住職には『和尚さんが病気にならない時』なる著書もある。ちなみに、先の縁起によれば、天徳恵堯大師が病気を治した修行法とは禅の呼吸法であり、何やら因縁めいたものを感じる。住職によれば、「病弱だった年寄が、この道場に通って健康を回復すると、なぜかポックリ往生を願うようになる」という。長い間闘病生活をし続けた人には、「もうこれ以上苦しみたくない。せめて死ぬ時ぐらい安らかに往生をとげたい」

といった思いがあるのだろう。かつて寝小便除け、しもの病除け（ポックリ信仰）に否定的だった住職も「別の寺を預かる予定があり、ポックリ信仰を広めようかと思う」と語り、筆者に何かと質問してきたことが、きわめて印象的だった。

日限地蔵（京都市）

安祥院は正式には東山木食寺安祥院と号し、天慶五年（九四二）天台座主尊意僧正の開創、文永年間（一二六四～七五）連寂が再興し現寺号を公称。享保一〇年（一七二五）木食養阿正禅が再建し今日に至る。本尊は阿弥陀如来で、養阿上人が開設した京都六阿弥陀巡りの一つとされている。[14]同寺境内の地蔵堂に祀られる金剛半跏像の名称は延命地蔵菩薩であるが、一定の日限を切って願いごとをするため、今日ではもっぱら日限地蔵の名で親しまれている。開運、厄除け、安産などに霊験ありと伝えられている。さらに同院が発行している『安祥院略記』には、ひとしきり阿弥陀信仰について説いた後、「しかしながら、阿弥陀浄土に往生するには、地蔵菩薩のお導きがなければなりません」と記し、地蔵のはたす役割、すなわち霊験を強調している。

参詣者の年齢によって祈願内容は異なるようで、比較的若い人たちは恋愛や安産について願掛けすることが多く、一方、高齢者はほとんどが楽に往生させて欲しいとの願いを携えてくる。母親や知り合いに頼まれたといって訪れる中年のご婦人も少なくない。中京区在住の七〇代の女性も、かつて実家の母親に「五条坂にお参りしといてくれへんか」といわれてやってきた経験があり、彼女によれば「本当によく願いを聞いてくれはるお地蔵はんで、家で苦しまんと往きはった」という。彼女はこのほかよそのお母さん（年寄）から頼まれたこともあるとのこと。また中京区に住んでいた母親も、二人ほどに頼まれて祈願に訪れ、「両人とも畳の上で大往生しなはった」と話していた。

なお祈願に際しては、涎掛けに願いごとを書いて、地蔵の好物とされる昆布と茄子を膳にのせて供える。そうして願いがかなった場合は、必ずお礼参りをし、お供えを欠かさない。また、寺側は依頼があれば祈禱も行なっており、かつては七日間祈禱した後、八日目にお香水（祈禱した水）を依頼者に渡し、それを病人に飲ませていた。しかし、現在はそれはしていない。あまりにも効き目があり、それが問題になったこともある、というのが中止に至った理由のようである。

北向地蔵（高知市）

北向地蔵は、旧土佐街道の能茶山交差点近くにある。石製丸彫りの像で、吹抜けのお堂に安置されている。昭和五一年（一九七六）に台風のためお堂がこわれてしまったが、ためてあったお賽銭や鴨部下地区の人びとから集めた浄財で再建したそうである。お祭りは旧暦の六月二八日と九月二八日の年二回で、地区の人たちが輪番で頭屋をきめて世話役となる。ご利益は「しまいがきれい」とのことである。(15)

写真13　北向地蔵（南国市）

北向地蔵（ポックリ地蔵）（南国市）

北向地蔵は、東坪池バス停近くにある雑貨店東側空地の小さな祠に安置されている。自然石を二つ重ねて頭部、胴部に見立てた恰好のもので、この北向地蔵を拝んでいると往生際がよいので、「ポックリ地蔵」と呼ばれている。雑貨店に買い物にきた男の人の話では、「うちのおばあちゃんは、きっちりここへお詣りしよりました。朝ちっとも起きてこんかと思いよったら、眠るように死んじょりました」ということである(16)。

10、11の北向地蔵のご利益「しまいがきれい」、「往生際がよい」というのはいうまでもなく長患いせず、苦しみもせず、安らかに往生をとげる、という意味である。

命水延命地蔵（竹田市）

竹田市の寺町界隈には名刹が軒を連ねているが、その一つ、寛永年中（一六二四〜四四）創建の観音寺隣接地に小堂があって、地蔵が三体祀られている。その説明書きには次のようにある。

八幡山命水延命地蔵尊について

現在わが国は世界に類をみない高齢化社会へと進みつつあります。当市でも人口に占める高齢者の比重は、随分と高くなりました。

全国で呆け老人は六十万人を超すと云われ、寝たきり老人の数も増加の一途をたどっています。

この様な社会にあってお年寄りの一番の願いは、健康ですこやかに長生きし、〝ボケないで〟極楽浄土に旅立つ時は、周囲の人に迷惑をかけないで〝ポックリ〟と旅立ちたいということではないでしょうか。

このようなことから、人生を楽しみ、お年寄りの心の支えになればと「ボケない地蔵尊」「寝つかぬ地蔵尊」「ポックリ地蔵尊」の三体を市内寺町田島須磨子さん（九十歳）が寄進され、この地（昔、この地域一帯は八幡山といわれていた）を、お年寄りの心を寄せ合う交流の場所に定め、地域の皆様の御協力によって、御堂を建立しお地蔵様三体を安置いたしました。

どうぞ老後健康ですこやかな毎日が過せますよう合掌礼拝いたしましょう。

尚、ご祈とう等御希望の方は階段上の観音寺様に御申し込み下さい。

平成元年十一月吉日

九州で確認されているのはこの一例だけだが、どこかでこうした類の存在をしっており、篤信者たちが近年建立したものである。しかし「ボケない」「寝つかない」「ポックリ」と銘打って三体祀るという例は珍しい。

八幡山命水延命地蔵尊建立期成会

結びにかえて

地蔵信仰が日本に伝来したのは奈良時代であるが、発展をみたのは平安中期以降である。すなわち、末法思想や浄土教思想の広がりを背景に、極楽浄上の阿弥陀如来に対して、無仏世界の救主、六道能化の菩薩として信仰された。当初阿弥陀とセットで信仰され、あくまで阿弥陀の脇役でしかなかったが、さまざまな信仰と習合しながら独自性を現わし、幅広く現当二世の利益者として信仰されるに至った。10の日限地蔵の説明における、「阿弥陀浄土に往生するには、地蔵菩薩のお導きがなければなりません」というくだりは、阿弥陀と地蔵がセットで信仰されてきた名残りをとどめているようにも思えるが、地蔵が阿弥陀のお株を奪って立場が逆転してしまった感がある。このことと関連して、京都の地蔵信仰の研究を精力的に推し進めてきた高橋歩は、「日本において歴史的に実現されてきた地蔵信仰の内容を構成する主要契機が、往生、現世利益、および死者供養という三者であり、とくに後の二者が、今日に至る地蔵信仰の中心的要素を成してきた」、「その展開過程において、先の地蔵信仰を構成する三つの契機は、地蔵を往生の機縁とするという要素が弥陀信仰によって弱まり云々」と指摘している。(17) しかし、ここに報告した日限地蔵のようなケースも存在しうるのである。いずれにしても、先の説明のくだりは、死者供養とともに安楽往生といった機能を合わせ持つ、地蔵の独立性、独自性を象徴的に示す表現であり、6のポックリ地蔵、別名引導地蔵は、単独でそうした機能を果たす典型例である。4のボックリ地蔵や11、12の北向地蔵についても同様の信仰の流れのなかに位置づけることができよう。

5の幸三郎地蔵や8の一願一言地蔵は、さまざまな祈願を叶えてくれる信仰対象であり、そうした多様な祈願の一つがポックリ往生であり、現代の社会状況に鑑み、それがめだつようになったということだと思われる。10の日限地蔵についても同じことがいえるが、阿弥陀信仰と関連づけてポックリ信仰を打ち出す（あるいは庶民が信仰を受け容れる）理由づけがしやすかったという点で5、8とはやや趣を異にする。

9の梯子地蔵は、子供の寝小便封じが老人たちのそれへと敷衍《ふえん》されたもので、これも時代状況の変化に対応して、新たな信仰層を獲得した好例といえる（7のぬれ仏の場合も同じである）。なお、7、9のみならず阿弥陀や観音を信仰対象とする場合も、半身不随になって寝込み、しもの世話になることを忌む風が根強く、ポックリ信仰の底流をなしている。本章でとりあげた地蔵に関していえば、7や9への信仰もさることながら、それ以上に1のコロリ地蔵や2のイビダレ地蔵に対する信仰に、そのことが端的に示されているといえる。

註

（1）本村博「現代人と『ポックリ』信仰」『仏教民俗学大系七・仏教民俗の諸問題』名著出版　一九九三年　二〇一頁。
（2）松崎憲三「『ホクリ』大権現をめぐって―高松市鬼無・千葉県大原町―」『西郊民俗』一八二号　二〇〇三年　一一二〜一一六頁。同「ポックリ（コロリ）信仰の諸相㈠―東海地方を事例として―」『日本常民文化紀要』二三輯、成城大学大学院文学研究科　二〇〇三年　八一〜一一七頁。
（3）松崎憲三前掲（2）八一〜一一七頁。
（4）木村博『死―仏教と民俗―』名著出版　一九八九年　五三頁。
（5）昭和四三年（一九六八）同月一日付北海道新聞「コロリ地蔵の話」。北海道開拓記念館学芸員・舟山直治氏提供資料による。
（6）木村博前掲（4）四五〜四六頁。
（7）同右　五二〜五三頁。
（8）『世界大百科事典』第二二巻　平凡社　一九八八年　一九五頁。
（9）古河市立歴史博物館学芸員・立石尚之氏提供資料による。
（10）同右。
（11）竹内理三監修『角川日本地名大辞典10・群馬県』角川書店　一九八八年　三六一および一〇四三頁。

(12) 伊勢崎市史編さん委員会『伊勢崎市史・民俗編』伊勢崎市　一九八九年　六七一頁。
(13) 立川昭二『病気を治す小さな神々』平凡社　一九九三年　二三五～二三六頁。
(14) 京都六阿弥陀巡りの札所は、①真如堂、②永観寺、③清水寺阿弥陀堂、④安祥院、⑤京極・安養寺、⑥同・誓願寺である。
(15) 市原麟三郎『続土佐のごりやくさん』高知新聞社　一九九六年　一四〇～一四一頁。
(16) 市原麟三郎『土佐のお地蔵さん』土佐民話の会　一九九〇年　一五五頁。
(17) 高橋歩「京都の地蔵信仰」『宮城学院女子大学論文集』五七号　一九八二年　二～三、および一四頁。

V　阿弥陀とポックリ信仰

はじめに

朝日新聞の『声』欄は、読者から寄せられた記事を順次掲載するというものであるが、平成六年六月七日欄に「『ぽっくり』が一番幸せとは」と題する、浜松市の男性（五九歳）から寄せられた記事が掲げられている。その内容は以下のとおりである。

本紙家庭面で連載中のルポ「老人介護二四時間」を興味深く読んでいる。老いてどんなふうに死んでいくのがいいのだろうかと、よく同年輩の人たちと話し合うことがある。まず大半の人が「眠るようにぽっくりがいい」と答える。父が、この五月、その通りの死に方をした。父が昨年暮れ、救急車で病院に運ばれ、一進一退の病状の時、ふと胸のうちをよぎったものは、もし命を取りとめても痴呆（ちほう）になりはしないかという不安ばかりだった。

そんな時の突然死。その時の心構えや備えが何一つない者にとって（傍点筆者）、正直のところほっとした。同居していた家人によれば、前の晩もいつもと変わらず、好きな酒を飲み、たばこを吸った後、ベッドに入った。そして朝起こしにいった時には、もう冷たくなっていたという。苦痛の跡も見られず、眠りこけているような、穏やかな通夜の顔だった。死因は急性心不全、八十四歳だった。高齢化社会に向けて多くの問題を抱える中で、ぽっくり逝くのが一番幸せという答えは、何とも寂しく、自嘲（じちょう）的ですらある。医療も進歩した現在、こんな投げやりな答えしか出せない世の中に薄ら寒い思いがするのは、私だけであろうか。

この投書者は、老人介護の問題や自らの死に方につねづね関心を抱いており、何かと考えていた御仁のようである。しかも、おそらくは現代医療に絶対的な信頼を抱いていたのだろう。だからこそ、その後、老人と介護をめぐる問題に何かしらわだかまりを持つに至り、「ポックリ」死に否定的な見解を述べざるを得なかったのだろうが、その一週間後に東大和市の男性（四六歳）から反論が寄せられた。同新聞『声』欄「『ぽっくり』の願い切実かも」と題する同年六月一四日付の投書がそれである。認知症の母親と暮らしているこの男性は、母親の行状についてひとしきり触れたあとで次のように述べている。

このような状態の人にとり幸せとは何でしょうか。衰えいく不安と、人の世話にならざるを得ない心苦しさや情けなさに身を縮めながら医療や福祉の手厚い介護で快適に暮らせれば、満足できるのでしょうか。「ぽっくり死にたい」は、皮肉でも自嘲（じちょう）でも、ましてや投げやりな気持でもない、本当に切実な願いかもしれないし、人知の及ばぬ、悲しいけれど仕方ないことではないでしょうか。イラついた不安げな顔で毎日のように物探しをし、「長生きはしたくない」と言う八三歳の母と暮らしていて、そう思うのです。

前者の浜松市の男性も、父親が認知症に陥ることをひどく怖れていたが、幸か不幸か実際はポックリ往生をとげた。一方後者の東大和市の男性の場合は、認知症にさいなまれている母親と日々生活をともにしている人にほかならなかった。その差が、「ぽっくり」死に対する認識の微妙な違いとなって表われているように思われる。いずれにしても「老い」は避け難く、またいつ「認知症」になり、あるいは「寝たきり老人」となるかはわからない。それこそ「人知のおよばぬ、悲しいけれど仕方ないこと」なのである。「その時の心構えや備えが何一つない」などといわず、介護や福祉制度について学び、「健康に死ぬためには健康な老い方をしよう」といった呼びかけがあり、(1) それに呼応する人もいる。その一方、不安解消や安楽往生を願ってポックリ信仰に身を委ねようとする人も少なくない。ちなみにⅠ～Ⅲでは、主として東日本を事例として、ポックリ信仰の地域的展開について分析を加えてきたが、(2) 本章では阿弥陀信仰に焦点を絞りながら、近畿地方の事例について検討を加えることにしたい。

なお、ポックリ信仰の対象となる神仏は、多岐にわたるが、こと阿弥陀に限っては、なぜか近畿地方に集中しているように思われる。全五例のうち京都府下一例、奈良県下三例である。京都府下のうち長岡京市・楊谷寺（浄土宗）のそれについては伊藤唯真が言及しているもの(3)（これを含めると全国で六例となる）、筆者の調査では確認できなかったことから、真如堂のポックリ信仰についてのみ報告することになる。なお、阿弥陀とのかかわりは必ずしもないが、八坂庚申堂金剛寺のポックリ信仰について、ついでながら報告することにしたい。

一　京都府のポックリ信仰

鈴声山真正極楽寺真如堂

洛東、東山連峰を背にして位置する真如堂は、比叡山延暦寺を本寺とする天台宗の寺院であるが、正式には鈴声山真正極楽寺と号す。永観二年（九八四）、比叡山の僧戒算上人が、比叡山常行堂のご本尊・阿弥陀如来立像を、神楽岡の東にあった東三条女院（藤原道長姉―一条天皇御母）の離宮に安置したのがその創まりという。『都名所図会』巻の三には次のように記されている。(4)

鈴声山真正極楽寺真如堂は天台宗にして、開基は戒算《かいさん》上人なり。本尊は阿弥陀仏の立像、長三尺三寸、慈覚大師の作なり。そもそもこの尊像は、江州志賀郡苗鹿明神より神木を大師得たまひ、この木、夜毎に光明を放つ。怪しみて割り見たまふに仏形鮮かにあり。かるがゆゑにこの尊像を彫刻す。また承和五年に大師入唐ありて、天台五台山にして顕密の奥義を究め、引声の弥陀経を伝へて、同十四年に帰朝せり。しかるにかの引声の一句を失念ありければ、西方に向ひ祈誓ありしに、舟の帆に小像の弥陀香煙に立ちて、成就如是功徳荘厳と唱へたまふ。大師感涙を止めて袈裟にうつし帰朝し、これを胎中に籠めたまふ。大師在世の間は叡山常行堂に安置したまふ。その後永観二年の春、戒筭上人に急ぎ聚洛に出でて一切をすべしと霊夢あれば、まづ雲母坂の地蔵堂にうつす。またその夜の告げに、神楽岡に檜千本生ひたる所、これ有縁の地なりと。この霊夢に任せてこれを尋ぬるに、白河女院の離宮なり。また同じ夜女院にも告げありければ、まづ宮中へ遷し、正暦三年の秋、宣下ありて伽藍を建立したまへり（今の元真如堂の地これなり。これより所々にうつし、元禄五年の冬、洛陽京極今出川よりこの地に遷座ましましけり）云々。

ここに記されているように、ご本尊の阿弥陀如来立像は慈覚大師円仁作と伝え、九品来迎の印を契《むす》んでいることで広くしられている。ちなみに九品来迎の印は、たとえどのような人物であろうと信仰さえすれば、極楽に往生させるとの誓願を表わすものという。真如堂は十夜念仏の寺としても有名であるが、大永四年（一五二四）の『真如堂縁起』に記されている十夜念仏の起こりはおよそ以下のとおりである。永享のころ（一四二九〜四一）、阿弥陀の信奉者であった伊勢守貞国（足利幕府政所執事職）は、世の無常を感じ真如堂に三日三夜参籠した。そして出家を決意したが、夢枕に僧形の者が示現して三日待てと伝えた。そして三日後には、幸運にも家督を継ぐことになった。これは真如堂の阿弥陀如来のお陰と感謝し、さらに七日七夜参籠、都合十日十夜不断念仏を唱えた。これが十夜念仏（通称お十夜）の始まりである。[5]十夜念仏とは、十日十夜にわたって特定の場所・期間（別時）を定めて行なう念仏会で、真如堂で修せられて六、七〇年後、明応四年（一四九五）鎌倉の光明寺においても修せられ天台宗から浄土宗に移り伝えられ今日に至っている。十夜念仏の功徳については『無量寿経』『阿弥陀陀羅尼経』に説かれており、ともに十日十夜の善・念仏を修することが、他のいかなる善にも勝れていることを強調している。たとえば後者では、「一切の諸善、みな悉く回向して安楽世界に往生せんことを得んと願わば、垂終の日、阿弥陀仏もろもろの大衆とともに、その人の前に現じ、安慰して善に称う。この人即時にはなはだ慶悦を生じ、この因縁をもってその祈願のごとく尋に往生を得」と説かれている。[6]

真如堂から出されている「真如堂〝お十夜〟の由来記」と題するパンフレットには『真如堂縁起』の要約を書き記した後、最後に「十五日の結願日には、十日間ご開扉されていた内々陣に詣で、ご本尊と結縁ある人々は十夜鉦講の唱える念仏の助力によって極楽に往くことが出来るのである。昔からご本尊に供えられる小豆飯のお下りを、お粥にして（十夜粥という）食べると中風にならず、タレコ止めのまじないになるといわれている」、以上のように結んでいる。すなわち、これによって中風除け、タレコ止め（大小便の失禁をしない）、安楽往生（ポックリ信仰）と十夜念仏が深くかかわっていることがしられるのである。なお、真如堂で繰り広げられる年中行事は以下のとおりである。

一月一、七、一四日……修正会
　一四日……………慈覚大師ご祥日
　一五日……………阿弥陀の縁日・六阿弥陀巡りの日
　二七日……………戒算上人ご祥忌法要・開山忌
二月立春……………節分会
　一二日……………女院忌法要
三月一五日…………涅槃会
四月八日……………花祭り
七月二五日…………宝物虫払会
八月七、一〇日……お盆法要
　一六日……………大文字茶会
　二四日……………地蔵盆
九月彼岸……………秋彼岸法要

一〇月一四～一六日……引声《いんじょう》法要
一一月五～一五日………お十夜法要
一二月三一日…………年納め法要

以上のように多彩な行事に彩られているが、まず注目されるのは一月一五日の六阿弥陀巡りである。一月に限らず、月ごとの縁日に真如堂以下、永観堂・清水阿弥陀堂・五条坂安祥院・新京極安養寺・新京極誓願寺の六つの阿弥陀仏を参拝するというものである。元禄のころより木食正禅上人によって始められたもので、三年三月怠らず参詣すると、み仏のご加護をいただき、家族に世話をかけずに（タレコ止め＝筆者注）極楽往生できるといわれている。(7) このうち五条坂安祥院の日限地蔵については前章でとりあげた。(8) ご本尊の阿弥陀になり代わって、今日では地蔵がポックリ信仰の対象になっているが、今日でも六阿弥陀巡りがさかんだとすれば、真如堂、安祥院以外の四つの寺院・堂宇も、少なからぬ信者を吸引しているものと思われる。

さて、真如堂の年中行事のメインは何といってもお十夜法要であり、その賑わいについて清水真澄は次のように報告している。(9)

十月の末頃から境内の紅葉はぼつぼつ色づきはじめ、一番にぎやかな年中行事のお十夜法要を迎える頃には紅葉もとても美しくなってきます。（中略）この十日十夜の浄行を勤めれば来世は必ず極楽浄土に生まれることが出来るといわれています。十一月五日が開白で十五日が結願の大法要となります。結願のこの日は一年一度の特別のご開帳で間近にご本尊を参拝することが出来ます。ご本尊のみ手から「縁の縄」といわれる五色の糸を白い紐に結んだものが本堂正面に立てた回向のための角塔婆まで引かれます。一般参詣者の方々もこの縄を引いて阿弥陀さまとご縁を結んでいただきます。稚児行列庭儀お練りの大法要が勤修され、終日十夜鐘といわれる鐘の音もひびき渡り、境内全山紅葉の最高に美しく見られる時であります。

真如堂のお十夜法要は、先祖供養・先亡回向といった要素も色濃く認められるが、庶民の期待は何よりも中風除け、タレコ止め（安楽往生）にほかならない。十夜粥の功徳については先にも触れたが、さらに真如堂では、中風除け茶碗なるものを売り出している。茶碗の底に阿弥陀の種字、外側にはその年の干支が貫主《かんす》の筆によって記されたもので「阿弥陀さまの余薫をいただいて、中風などの長患いでしもの世話をしてもらわずともよいようにとの祈願を施したものです」、「ご飯茶碗として、あるいは抹茶茶碗としてなど、阿弥陀さまを念じながら常日ごろよりお使いください」と説明し頒布しているのである。このほか往生極楽おけさなるものを販売しているが、これは巡礼（六阿弥陀巡りほか）の時に身にまとうもので、臨終に際してはこれを着せて納棺するものだとされている。

極楽おけさについてはいつごろから販売されているのか不明だが、中風除け茶碗については昭和五〇年（一九七五）ごろから販売授与された模様である。十夜粥との関連で創案されたことはいうまでもなく、庶民の宗教的欲求（中風除け、タレコ止め）に寺院側が応えた恰好になる。しかしながら、十夜粥の功徳がいつから説かれ始めたかを明らかにすることはむずかしいし、当然『真如堂縁起』にもそれに関する記述はない。

八坂庚申堂・金剛寺

清水寺近くにある同寺の本尊は青面《しょうめん》金剛童子であり、九世紀に修験者の浄蔵法師が創建したと伝えられる。同寺の「庚申堂由緒」には以下のように記されている。

当寺は大黒山延命院金剛寺庚申堂と称し、東京浅草庚申、大阪天王寺庚申と共に日本三庚申の一つ、又、京洛三庚申（粟田の庚申、山内の庚申）の一つでもあります。本尊に青面金剛童子が安置されている。本尊は中国から帰化して来た秦氏の守り本尊であったが、秦一族が滅亡した後、浄蔵貴所（康保元年十一月卒—日本紀略）が一般の人々にもお参りが出来る様にと、八坂の地を卜して堂を建て、この本尊を祀ったのが当寺の始まりと言い伝えられている。その後中世の兵乱や火災に遇い現存の堂は延宝六年に再建されている。（中略）当八坂庚申堂では昔から腰痛、神経痛、リュウマチ、小児カン虫など諸病平癒のコンニャク封じが有名である。毎年正月六日、七日の初祈禱会や初庚申会には厄除けコンニャクもあり、庚申さんに頼めば願いは何でも効いてもらえると大勢の人々が参詣される。又、大安の庚申日と五月三日は、下の世話にならぬ様にタレコ封じが執行される。（後略）

写真14　八坂庚申堂（京都市東山区）

この由緒に記されているように、庚申堂は本来コンニャク封じでしられた寺院である。祈禱して炊いたコンニャクを食べるとさまざまな効験があるとされている。問題は、なぜコンニャクを祈禱して食べるようになったかである。いい伝えによれば、京都に大飢饉が起こった時に疫病がはやり、当時庚申堂にいた住職が、何とか皆の苦しみを救ってやれないかと庚申に祈願したところ、夢枕に「自分のお使いをやるから」という声を聞いた。翌日猿がコンニャク玉を持ってきたので、それを炊いて食べることにしたのだという[10]。現在コンニャク封じは、庚申の日と一月六、七日、五月三日に加えて初庚申の日に行なわれており、とくに厄除け、病気平癒には三つ食べるとよいとされている。このコンニャク封じが、いつしかタレコ封じの祈禱と結びついて発展をとげることになる。

戦前からコンニャク封じの参詣者は多く、出征兵士の武運長久祈願もあって、庚申堂のみならず祈願寺は軒並み繁昌したという。終戦後祈願寺がつぎつぎとつぶれていくなかで、庚申堂は諸病平癒を祈願の中心に据えていたためにつぶれずにすんだ。一方、タレコ封じの祈禱もいわれは古いとされているが、現在のようにそれだけを取り立てて祈禱するということはなかった。まれに女性が肌着を持参して、しもの病の祈禱を頼むということがあったかもしれないが、それでもかりに一年間の参詣者総数が一万人いたとしても、下着（腰巻）を持参して祈禱して欲しいと訪れるのは五〇人訪れるかどうかで、もとより宣伝などしなかったという。このことは、以前には門前の案内板に「タレコ封じ」と謳っていなかったことからも理解できる。ちなみに、八坂庚申堂が比較的花街に近いという土地柄からか、もともとからしもの病（淋病、梅毒など）を治すというご利益で信仰を集めていたのではないか。そうした病気が撲滅されるにつれてタレコ封じの祈禱を望む参詣者がふえていったのではないか、というのが前住職の推測である。

かれによれば、庚申堂でタレコ封じそのものを目的とした祈禱が行なわれるようになったのは、昭和五五年の庚申《かのえさる》の年に信者の要請に応えてからだという。この年、北海道を除く各地から、タレコ封じを希望する手紙が数多く届いた。それに応じて始められたわけであるが、庚申の年に（とくに中年生れの）女性が、腰巻あるいは褌をつくり両親に贈るとタレコ封じになるといういわれがあって、それがこの年の流行とかかわっていたようである。さらに昭和五七、八年ごろ、たまたま漫才師のかしまし娘が、テレビの番組で「庚申さんの日と大安の日が重なった日にお参りすると、しもの世話にならずにすむ」と話したことから、その後この日は驚くほど多くの人がやってくるようになり、昭和六〇年ごろからさらに参詣者がふえるようになったという。

現在では、五月三日の大般若転読会の時と、大安の庚申日にタレコ封じ祈禱を行なっている。参詣者は下着を持参して一回三〇〇〇円で祈禱を受ける。古くは下着といえば薄い腰巻であったので、祈禱をするために積み上げても邪魔にならなかったが、今日の下着（パンツ）は積み重ねるとかさ張り、しかも量的にふえたため（一人が複数持参する例もあり、ますます増加傾向にある）、祈禱した後、別の場所で下着に五行印を押すという形に変更した。祈禱をあげた下着の処理は参詣者まかせであるが、尋ねられた場合には、すぐはき、古くなったら捨ててもかまわないと指導しているそうである。実際参詣者は持ち帰り、申の時刻に一度はいて枕の下に敷いて寝るとか、箪笥の一番下の引き出しの左隅にいれるとか、各人で扱い方を工夫しているようである。

なお、平成四年の申年の参詣者のなかには「庚申の日に下着を買うたらしもの世話にならんと店先に貼ってあった」と下着を買って持参した人がいた。寺院側ではそのような情報を流しておらず、岩崎竹彦から個人的に得た情報では、グンゼ・ワコールといった企業が庚申の日のいわれにちなんで積極的にPRに努めているとされ、下着業者・販売店の思惑がからんでいる可能性もある。また平成六年五月の例祭には七、八〇〇人程度の参詣があったものの、このうちタレコ封じ祈願をした人は五分の一程度であった。参詣者のなかには一回きりで効果がないと二度と祈願にこない人もいる。しかし数回続けて参詣する人の名簿は控えられており、その時期が近付くと案内書を出している。近畿圏が一番多く、北海道一〇人、名古屋二〇人、大阪三〇人、和歌山二〇人、広島一〇人、九州五人といった数字がリピーターのそれである。関東地方の参詣者は少なく、北海道を除いて名古屋以北はほとんど参詣にこないというのが実状のようである。

以上、真如堂と八坂庚申堂の二つを事例として京都府下のポックリ信仰について報告した。まず真如堂は十夜念仏の寺としてあまねくしられており、十日十夜の浄行を経て、結願に際しては極楽往生をとげることができるとの信仰から多くの参詣者を仰いできた。なお、『真如堂縁起』において伊勢守貞国の夢枕に僧形の者が現われ、「汝が現世後世ともに、我を頼む志全く偽なし」と述べながら身の処し方を伝えたと記されていることから、阿弥陀仏は、後世《ごせ》（来世）の往生を約束してくれるばかりではなく、現世の安楽をも保証してくれる存在であった。今日の真如堂の信仰をみると、中風除け・タレコ止め、安楽往生をそのご利益としており、現世・後世の二世安楽をもたらす存在として阿弥陀が位置づけられている。しかし、昭和五〇年前後の中風除け（中風除け即タレコ止めといってよい）茶碗を売り出したあたりから、とくに現世利益的側面が強くなってきたように思われる。

一方の八坂庚申堂も、タレコ封じをご利益の前面に打ち出すようになったのは昭和五五年前後である。コンニャク封じによる諸病平癒祈願が、庚申年の習俗と連動しながら高齢社会に対応する形で装いを新たにした。こちらはもともと現世利益的な側面が前面に出ているが、「（しもの世話にならずに）安らかに往生をとげたい」といった願望が背後にあることはいうまでもない。真如堂と八坂庚申堂の両者は、信仰対象も異なり、歴史的経緯にも差があるものの、この点では共通している。なお、八坂庚申堂は阿弥陀信仰とどうかかわるのか、本章のテーマとどう関連するのかといぶかしがるむきもあろう。信仰的レベルでいえば両者はまったく無関係である。しかし、二代前の真如堂貫主は元来の寺院は八坂庚申堂であり、そのことが両者のある時期以降の展開に少なからず影響を与えたものと推測している。

二　奈良県のポックリ信仰

奈良県下では、ポックリ信仰の対象として確認できた宗教施設は三ヶ所であり、いずれも阿弥陀信仰とかかわっている。斑鳩町・吉田寺、香芝市・阿日寺、当麻町（現葛城市）・傘堂がそれであるが、まずは吉田寺からみていくことにしよう。

1　清水山吉田寺

古刹法隆寺と紅葉で有名な龍田との中間に位置する吉田寺は、女人の参詣と霊水をもってしられる寺であり、俗に「しみずさん」とも「腰巻のお寺」とも呼ばれている。境内に湧出する井戸の水を「お香水」と呼んでおり、清水山という山号もこれに由来している。この井戸は恵心僧都源信が掘られたものと伝え、一名を「安産の井戸」ともいうが、産気づいた人がこの水を飲めば難なく産まれるというところからこの名がある。また病人からは「この清水山のお水をいただくだけで楽に往生できる」といわれている。かつては、いただいてきた水に「お名号」と称する小紙片を浮かべて飲んだ。あるいは「お名号」をさらに小さくちぎって水と一緒に飲み込んだとのことである。今日でも霊水ブームのなかで、ペットボトルに入れて持ち帰る人が少なくなく、志だけで分けているそうである。

一方「腰巻のお寺」なる異名を持つ理由は、九月一日に「鳩逃がし（放生会）」とともに「スソヨケ祈禱」が行なわれていることによっている。「スソヨケ祈禱」は「腰巻祈禱」とも呼ばれており、腰巻・パンツ・ズロースなどの下着を祈禱して阿弥陀の印を押したものを身につける、あるいは布団の下に敷いておくと、「腰シモ・スソの世話をかけず、阿弥陀さまのお迎えを得て安らかに往生できる」というのである。腰巻祈禱は平生から受け付けているものの三月から六月の梅雨入り前の時期およそ三ヶ月と、九月から一一月の三ヶ月の時期というように春秋の期間に集中するようである。とくに秋の九月一日の腰巻祈禱の際には一〇〇〇人近くが参詣し、内三〇〇人あまりが祈禱を依頼している。達者な人は床に臥せる前から訪れ、病んでからは若い人の車に乗せてもらって参詣する。祈願にやってくる人の八割は女性で「恥ずかしい思いをしたくない」、「しもの世話になりたくない」というのが訪れる理由である。ポックリ往生よりもむしろ「寝たきり老人」になりたくない、という思いの方が強いようである。昭和五三年、今からおよそ三〇年あまり前に、井上勝也が吉田寺にやってきた人九一人（男一七名、女七四名、平均七〇・三歳）にインタビューをした結果が手もとにある。[13]その回答はほぼ共通しており、「中風などの病気で寝たきりになり、人に迷惑をかけたくないから」というものが九三パーセントを占めていた。この傾向は今日に至るまで一貫して変わらない。なおそのほか「ガンなどの病苦に耐えられないので」、「年をとって生きる希望を失った」、「若い者に邪魔にされるので」などが少数意見としてみられるものの、再三指摘するように、寝たきり状態になることに対する危惧・不安、しもの世話になることに対する抵抗感がポックリ信仰を支えているのである。

写真15　吉田寺の腰巻祈祷（斑鳩町、大宮守雅氏提供）

　さて、前後してしまったが吉田寺の由緒は次のとおりである。[14]

当寺は清水山と号し小吉田の北部の台地にある。別名を「ぽっくり寺」と呼ばれている。「恵心院源信僧都行実」によれば、当寺は天智天皇の勅建で妹の間人皇女（孝徳天皇后）の陵寺であったところに、永延二年（九八八）に恵心僧都がこの地に来遊し、生身弥陀の出現を感じ一寺を創建したという。「吉田寺因縁」によれば元禄三年（一六九〇）浄土宗に改まり無本寺であった。そののち中宮寺門跡慈眼院宮の信心浅からず、安永三年（一七七四）三月八日には梵鐘を寄進せられ、翌四年住持智霊律師のときに、鐘楼堂を建立した。文久三年（一八六三）住持旭隆が四方に勧奨して本堂を再建した。昭和五十三年には、現本堂の後方に諸仏を安置する奉安殿（収蔵庫）が建てられた。

本尊阿弥陀坐像（像高五一五センチ）は丈六式の全金色で、定印を結び、衣文の刀刻は藤原末の形式である。船形光背を立て蓮台に座する。本像は恵心僧都の作と伝えられ、明治三十九年九月六日、国宝に指定され、現に重要文化財である。（後略）

本尊、丈六阿弥陀如来は坐像としては県下第一の大きさを誇り、「大和のおおぼとけ」の別名もある。この本尊に祈禱すると腰から下の病が平癒し、無病息災、延年長寿を保つ霊験があるとされている。また年中行事として以下のものが行なわれている。

一月一～三日…………新年祈願法要

二月一五日……………涅槃会追悼法要
三月彼岸……………春季彼岸会
七月一〇日…………恵心忌
九月一日……………腰巻祈禱・放生会
九月二日……………慰霊追悼会
一二月一～三日……三千礼拝行仏名会
一二月三一日………除夜の鐘つき法要
毎月一〇日…………十日念仏会
毎月二六日…………地元念仏講念仏会

毎月一〇日には十日念仏会が修されるが、とりわけ七月の恵心忌（恵心僧都のご命日法要）には関西のみならず全国から宿をかけて参詣者が訪れていた。地元念仏講メンバー八〇人のうち半数あまりも参加して賑わう。こうした素地があったからこそ、安楽往生を願う寺としてしられるようになったのだが、参詣者がとみにふえたのはやはり有吉佐和子が『恍惚の人』を著わした昭和四七年以降とのことである。敬老の日が制定され、各地に老人会や老人クラブが結成されるのもこのころであり、さらにはマスコミの影響もあって、近県のみならず遠方からも訪れるようになった。寺院側は、「一生のうち三度お詣りすれば願が満ちる。しかしその後もできる限りお参りして欲しい」と薦めているそうである。

誕生院阿日寺

阿日寺も、吉田寺同様しばしばマスコミがとりあげるため、いわゆるポックリ寺として年寄の間によくしられている。平成九年七月二四日付朝日新聞朝刊「いのち長き時代に・こころ模様」なる記事のなかでも、認知症老人の理解されぬ悲しみについて触れた後、阿日寺住職夫人の話がとりあげられている。

住職の妻の大橋田繪さん（四六）は「寺を訪れるお年寄りの表情は明るい」と思っていた。グループや夫婦連れで、にぎやかにやってくる。

老身に秘めた切実な思いを知ったのは、ほんの偶然だった。七年前の初夏のことだ。法要の準備のため、ひと抱えほどある木魚を動かそうとした。その時、すき間から白いものが見えた。指で引っ張り出すと、がさがさと音をたてて、おびただしい量の紙片が出て来た。小さくたたまれた手帳の切れ端や、ちり紙だった。数えると百枚近くあった。開いてみた。「長く病まないように」「ぽっくり死ねますように」という文字が目に入った。名前と年齢だけのものもあった。

参拝に来たお年寄りたちが、ありあわせの紙に書いて、こっそり突っ込んでいったのだった。だが、いったい、いつ入れたのか。一度もそんな光景を見たことはなかった。こんな文もあった。

咲いた花なら散るのがさだめ　同じ散るならみなに惜しまれ　美しく散っていきたい

三十代だった田繪さんは、これまで知らなかったお年寄りの内側を、初めて見た気がした。それを粗末にはできなかった。紙片をひとつひとつ、ていねいに広げてノートに張りつけた。そして表紙に「木魚」としたためた。

それ以降、住職夫人の参詣者への対応姿勢も少なからず変わったようである。今日でも参詣に訪れて、「周りに話し相手がいない」、「引っ越したばかりで馴染みの人がいない」等々の理由で一時間以上しゃべり込む年寄がいるが、労をいとわず耳を傾けてあげるそうである。ちなみに、阿日寺のご利益は「ぽっくり死」であるとマスコミを中心にもてはやされているものの、本来は恵心僧都源信の教えを広めるのが目的である、というのが寺院側の主張である。そして、阿日寺のご利益とされる健康長寿と安楽往生とは、「今死んだら一番いい」という時に死ねるよう願うことである。安楽とは心が安心して、体が楽になる状態をさす。体が苦しくなく、正しい気持で浄土に入るということで――満足してまろやかな心持で成仏できる――これを「無苦正念」とも形容できる、と説明している。

なお、阿日寺の縁起では次のように謳っている。(15)

当寺は今から約千年前に恵心僧都（九四二〜一〇一七）がご誕生になった寺で誕生院といいます。恵心僧都は源信和尚ともいい七高僧のお一人で念佛の始祖とも仰がれています。僧都は天慶五年（九四二）九月十五日のお生まれで父は卜部正親卿、母は清原氏、幼名を千菊丸といいました。九歳の時比叡山に上って佛門に入り、良源大僧正に師事して名を源信と改め、十五歳で時の村上天皇のお召しにより、宮中で法華経の御前講義をされた程です。

（中略）寛和元年（九八五）九月十七日ご生母の臨終にあたり僧都は手づから母に浄衣《じょうえ》（新しい着物）を着せ、除魔の法を修し母と共に念佛されて、翌十八日未明慈母は無苦正念に七十二歳をもって「安楽往生」なさいました。僧都は母の忌中に阿弥陀佛の像を刻み母の身代わり佛として朝夕お仕えになりました。この霊佛は無病息災に長寿を守護し、一切の苦厄を払いのけ、しもの世話をかけずに安楽往生ができる功徳があって、その霊験は頗《すこぶ》るあらたかで阿日寺の本尊として代々受け継がれてきました。この修法が今日に伝えられ毎年七月十日には恵心僧都遠忌大法要と共に参詣の人々のために祈願が古くから取り行われています。

当山は恵心僧都が母の為に刻まれた阿弥陀佛と、父の為に刻まれた大日如来の二字をとって阿日寺と申します。かつて忌中の丘とも忌中堂とも称され、戦国時代は岡周防守の菩提寺でもありました。

阿日寺は恵心僧都源信生誕の寺とされ、本尊の阿弥陀如来と大日如来は、それぞれかれが母親と父親のために彫って安置したとされている。また、この縁起に記されているように、母親の臨終に際して恵心僧都が母親に浄衣を着せて念仏を唱えたところ、母親は安楽往生したという。こうしてかれの母親がしもの世話をかけずに亡くなったことにちなんで、阿日寺に参詣するとポックリ往けるとして信仰を仰いでいるのである。

毎月一〇日が法要日で、とくに七月一〇日は恵心僧都の命日のため多くの参詣者を集める。昭和六〇年（一九八五）あたりがピークで、今では一〇〇〇人ほどがやってくる。浄土三部経の読唱と説教の後、僧侶の手によって美しいお札を上から散らす「散華《さんげ》」が行なわれ、このお札が厄除けになるため人びとは争って札をもらっていた。しかし、これを必要とする年寄に限ってもらえないケースがめだち、数年前からは長寿箸ともども参詣者すべてにあげるようにした。加えてこの日は地獄絵の公開も行なっている。また先代住職の時代、すなわち昭和五七年ごろまでは腰巻祈禱も行なっていた。腰巻祈禱とは、参詣者が持参した腰巻・裾よけ・パンツ・シャツなど身につけるものを祈禱した上、阿弥陀の種字の印を押すというものである。しかし参詣者が増加するにつれて、肌着そのものを用いると祈禱をあげるにも苦労するようになった。腰巻祈禱では、肌着を巻いて住所・氏名を記した半紙で包み、輪ゴムで止めた物に住職が内陣で祈禱をあげていたが、カサが張るものなので量が増えると大変だったという。それだけでなく肌着は洗濯しなければならないが、「祈禱済みのありがたい肌着を、普通の洗濯物と一緒に洗濯機に入れるのには

表2　ポックリ寺についての情報〈1〉

情報時期―ポックリ寺についていつ頃知ったか

内　　容	実数
つい最近知った	52
前から知っていた	68
D.K	5
計	125

情報源―どのようにして知ったか

内　　容	実数
テレビ、新聞等で知った	32
人から教えられてわかった	72
母から聞いて	16
近所の友達から	14
その他の友達から	28
D.K	14
D.K	21

だれと来たか

内　　容	実数
1人で来た	2
2人以上で来た	119
息子	4
孫	4
夫婦	3
親戚	1
兄弟	3
友達	102
その他	2
D.K	4
計	125

居住地からの交通機関

内　　容	実数
電車、バス	99
自家用車	11
歩いて	14
D.K	2

居住地からの所要時間

内　　容	実数
1日	1
半日以上	0
半日以下	6
2～3時間以内	115
D.K	2

将来の生活の心配ごと

内　　容	実数
お金のこと	6
身体の健康	12
家族のこと	10
子供のこと	9
そ　の　他	13
な　　し	10
D.K	65
計	125

ポックリ寺へ来た動機

内　　容	実数
安楽に往生したい	52
死にたい	1
家族の世話になりたくない	13
長生きしたい	10
お参りにきた	1
下の病気にきくから	1
先のことが不安だから	1
安心出来るから	1
幸せを祈る	1
自分の将来の希望と安全	1
たのまれてきた	3
病気しない様に	2
その他	5
D.K	32
計	125

表3　ポックリ寺についての情報〈2〉

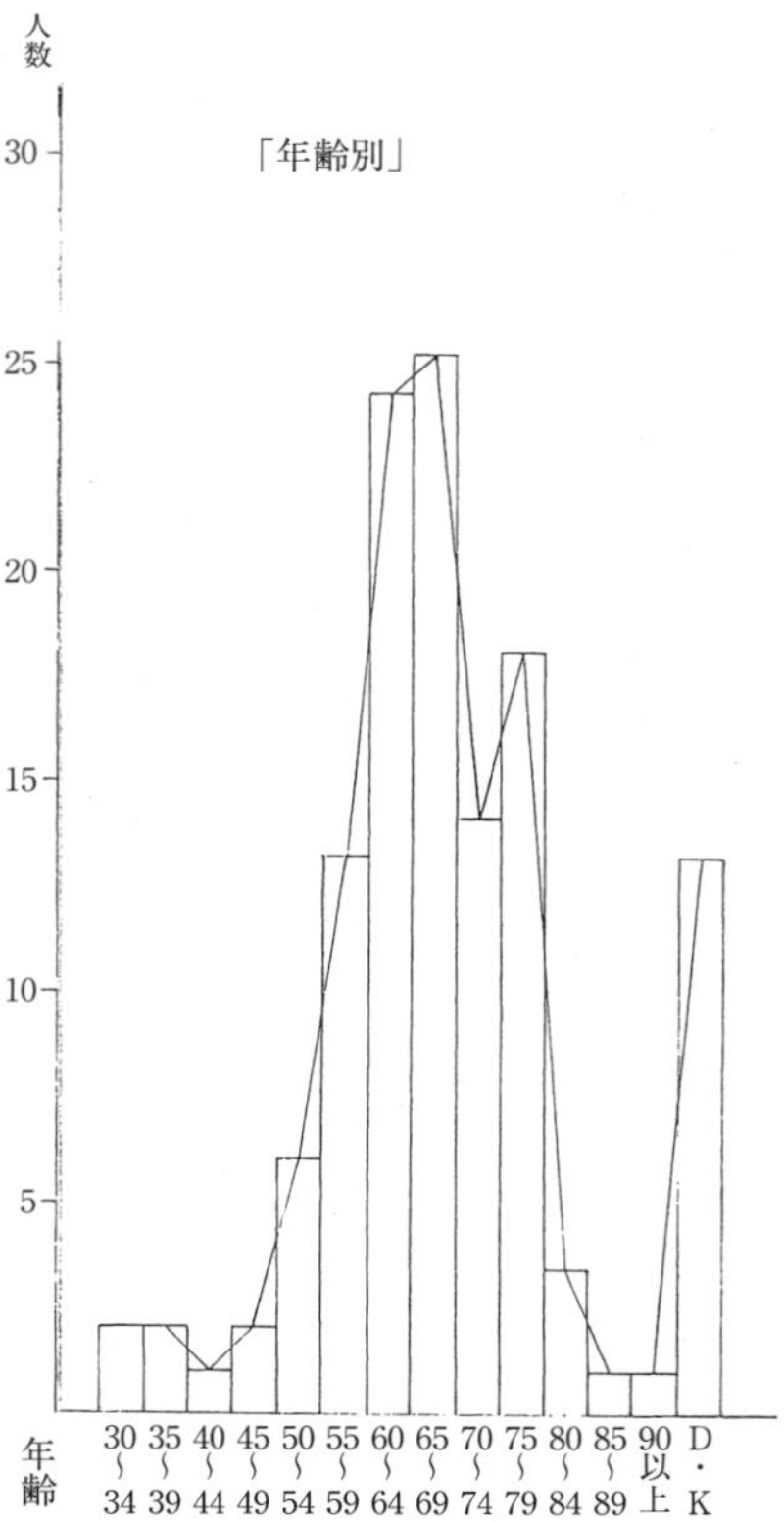

（表２、表３は柴崎真悟「ポックリ信仰の実態」〔佛教大学社会事業研究所編『佛教福祉』創刊号〕注（16）による）

抵抗がある」という参詣者の声や、「ボロボロになっても捨てられず、処置に困る」という意見が寄せられるようになった。そこで現在は、受付をしたあとで祈禱を済ませた晒布（これを浄衣と称している）を配るという形式をとっている。ちなみに浄衣とは本来晒しの着物のことをさし、巡礼などに際して身につける着物のことをいう。

なお、一〇日以外の日に祈願を受け付けた場合、あるいは電話・ファックス・手紙などで申し込みをした遠方の信者に対しては申し込み後初めての一〇日に祈禱し、料金の振込用紙とともに郵送している。浄衣のその後の扱いは、封筒に入れて名前を書き、寝室の天井などに張り付け、朝晩拝むように薦めている。しかし病院入院中の人はそうもゆかないため、枕や敷布の下に敷いたり、肌着に入れたりする。七年たつと寺に返しにくるよう伝えているが、返しにこない人もいるとのことである。

さて、井上が一九七八年に吉田寺の参詣者にアンケート調査を実施したように、芝崎真悟も昭和四八年に阿日寺の参詣者一二五名に直接面接法による調査を実施している。データーが古くて恐縮であるが、流行当初の実態をしることができることから、ここでも活用させていただくことにしたい（表2・表3参照）。それによれば、祈願に訪れる人の九割が女性で、六〇代以上が約七割を占めている。その多くは息子との同居老人で、現在一番気がかりに思っていることはまず健康問題であり、ついで家族に関することであった。そのため、安楽往生をとげたい、家族の世話になりたくない、長生きしたいと切望している。しかも半数は阿日寺の由来についてはっきり認識していた。すなわち、ポックリ寺としての阿日寺については以前からしっていたが五割、つい最近しったというのが四割で、それも人から教えられた（口コミ）が約六割ともっとも多く、その内訳は友だちからが五割、家族・母からが三割となっていた。全体の八割が仲間・友だちと一緒に祈願にきており、老人たちの九割は二、三時間かけて電車・バスなどを利用していた。遠くからは鹿児島からというのが五人いたが、多くは関西周辺の老人たちであった。以上が芝崎の調査結果である。[16]

このアンケート調査からは地元の人びとの動向が読みとれないが、地元の人たちはこの寺を

「恵心さん」と親しみを込めて呼び習わし、さまざまな目的で参詣・祈願にやってくる。たとえば喘息持の人がお百度を踏んでいる姿がみられるなど、必ずしもポックリ信仰に限られたものではなかった。しかも以前はこのように近隣の人びとからひっそりと信仰される存在であったが、昭和四〇年代にマスメディアにとりあげられるようになってから参詣者の数が爆発的に増えた。芝崎のアンケート結果が示すように、昭和四五～五〇年ごろの参詣者の多くが女性であり、年齢は六〇歳代がもっとも多かった。高齢者も少なくなかったが、そのほとんどが老人会による団体参詣であった。観光気分で「これがテレビに出てたお寺ね」と、冷やかし半分の参詣者も多かったようである。

現在では、団体参詣はその当時より若い五、六〇代が多く、あるいは近所同士、友だち同士の五、六人のグループが訪れる場合もある。参詣者は一日平均して二〇人程度であり、七月一〇日の祈願に集中する傾向にある。この時には、三重・愛知・岐阜といった中京方面からの参詣者が多く、福井方面からもやってくるものの、関東地方から訪れる人の割合は少ない。少なからず男性の参詣も見受けられ、この場合は個人的に参詣する人がめだつ。しかしやはり女性の数にはおよばない。夫婦の年齢からして夫の方が先に亡くなるという認識が双方にあるためだろうが、「女性の場合、夫を亡くしたあとの第二の人生が長い上に、仕事の都合などで子供の世代と別居しているケースが多く、世話をしてくれる嫁がいないという不安感が女性の参詣者をふやしている要因ではないか」というのが住職夫人の弁である。

なお、比較的若い参詣者の場合や、子供につれられてくるにしても年寄本人がくる場合はともかく、高齢者が認知症や寝たきりで回復の見込みがなく、家族が「みるに忍びない」とやってくる、いわゆる代参の場合が問題である。必ずしも本人に頼まれてやってくるわけではないため、「お守りを買って帰りたいが、早く死んで欲しいと誤解されたら困る。どうしたものか」と相談されることもあり、実際誤解されてトラブルに至った例もなくはないようである。「誤解されるかされないかは、本人たちが日ごろ築いている人間関係によるのではないか」と住職はいう。

一方では参詣者がお礼参りにくることもある。たとえば親を看取ったお嫁さんが近隣からやってきたり、九州の別府から女性が、「母が安らかに往生できましたから」とお礼にきたこともあった。お礼参りの場合、一万円程度の板塔婆をあげ、住職は理趣分経を唱える。これを回向と称し、命日には祈禱をあげている。

寺院側では、安楽往生祈願には三回参詣するのが本来のものと考えているようである。第一回目は長寿祈願、第二回目は除厄祈願、そして第三回目が安楽往生祈願で、これによって満願となる。その間隔についてはとくに注文をつけないが、なるべく続けて祈願をし、諸願成就の暁にはお礼参りを、というのがその意向のようである。しかしせちがらい世の中となり、「三回も続けて行けない」という人のため、先代の昭和四五年ごろから特別祈願と称して三度分をまとめて受け付けたり、ハガキによる申し込みに始まり、電話・ファックスによるそれも徐々に受け容れ、時代に即応してきた。

傘堂

二上山の東麓、当麻山口神社の鳥居北側に、真柱一本のみで宝形造の瓦屋根を支える総欅製の風変わりな建物がある。その姿、形から一般に「傘堂」と呼ばれているが、江戸時代前期にこの地の郡奉行を務めていた吉弘統家《よしひろのりいえ》が、主君である郡山藩主本多政勝の没後、その菩提を弔うために、延宝二年（一六七四）に建立した「位牌堂」にほかならない。しかしながら、いつのころから真柱の周囲を身体を接しながらめぐり、安楽往生を願う風習が生れ、五月一四日の当麻レンゾには大勢の人びとがこのお堂を訪れるのである。嘉永六年（一八五三）三月刊、暁鐘成《あかつきかねなり》が著わした『西国三十三所名所図会』にはこの「傘堂」の形状、由来などが詳細に記され、また挿絵も付されている[17]。

傘堂（新宮鳥居の傍にあり。軒にておよそ二間四方、中心に柱一本を立つる。長さおよそ八尺、太さおよそ一尺三寸四方。心柱一本を以て造るがゆゑに俗に傘堂といふ。岩屋越の旅人ここに下るなり）

この小堂は前の領主本田候の為に恩顧の臣領地の農民等相談ひて建つる所なり。軒の瓦の面に本の字をば印すはその証なり。心柱の上の方に扉ありて、左右に開くべく作りたり。この内に君侯の霊牌を納む。

霊牌に曰く、長徳院殿前拾遺泰誉迎和道永大居士神儀（牌面の長一尺、巾二寸八分、惣長一尺六寸）。屋根・台・扉等惣金箔蒔画あり（心柱左の脇に細き柱一本あり。この上に横木ありてここに鐘を掛くるなり。朝暮にこれをつきて旧恩を忘れず弔ひ奉る事とぞ。もつとも仁恵の深くましませし事はこの鐘の銘に委しく著せり。しかるに近来賊難を慮ひて、平生にはこの鐘をはづし、新在家村妙栄寺に預け置けり。かつ霊牌も破損あらん事を恐れて村中預かり置けり。今在家・染野・新在家三ヶ村毎年順番に預かり、八月朔日この傘堂に持ち来り、香華供物をそなへ、妙栄寺の鐘を出だしてここに釣り、四面に幕を張り、燈籠をつりて、村中の老若ここにつどひ、僧を請じて読経せしめ、仏事いと懇切なり。妙栄寺に至りて鐘の銘を見るに、半ば滅して文字明らかならず。これは小堂に釣りたる折から、里の童の戯れに石をもて打ち鳴らせしゆゑにかくは滅せしとぞ。をしむべき事なり。銘中にいふ、居士姓藤原氏本多政勝□□□享年五十八寛文十一年十月晦日□□□と見えたり。しかれば八月朔日は正当の忌日にはあるべからず。全く村民の間隙にまかせてこの日に弔ひ奉るなるべし。なほ新池之記といへるもせんしたり。延宝二年甲寅十一月吉辰願主吉弘統家とあり。重ねて委しく摸し、『大和拾遺名所図会』に出だすべし。鐘の大きさ龍頭よりおよそ二尺六寸余、下の径およそ一尺六寸ばかり）。

吉弘統家《よしひろのりいへ》の墓（傘堂の傍にあり。釣鐘願主の臣なり。俗名吉弘甚左衛門之尉統家。寿弘院法誉西願居士（元禄九年八月二十日））。藤懸氏玄達の墓（同所にあり。豊後国住とあり。延宝六戊午年霜月二十八日。右両墓とも恩顧の人々なりと聞こゆ）

図３　熊野権現社右下に描かれた「傘堂」（『西国三十三名所図会』〔『日本名所風俗図会18・諸国の巻Ⅲ』角川書店〕より）

これによれば、「傘堂」は、「前の領主本田侯の為に恩顧の臣領地の農民等相談ひて建つる所なり」と記されているが、その「本田侯」とは、関ヶ原の合戦後、水野勝成、松本忠明に続いて寛永一六年（一六三九）三月に郡山城主となり、大和・河内にわたって一九万石を領した譜代大名本多内記政勝（一六一四～七一）である。一方「傘堂」建立の中心的人物であり、また梵鐘の願主でもある吉弘統家は、二〇〇石の知行をあてがわれ、足軽の組頭として三一人を率いる身分であった。身分としてはさほど高いとはいえないが、行基の先蹤に倣って新池を開削した人物で、その事蹟が傘堂建立のそれと合わせて梵鐘に刻まれている。吉弘家は豊後を拠点とした守護大名大友家の庶流で、本家滅亡後、同じ豊後

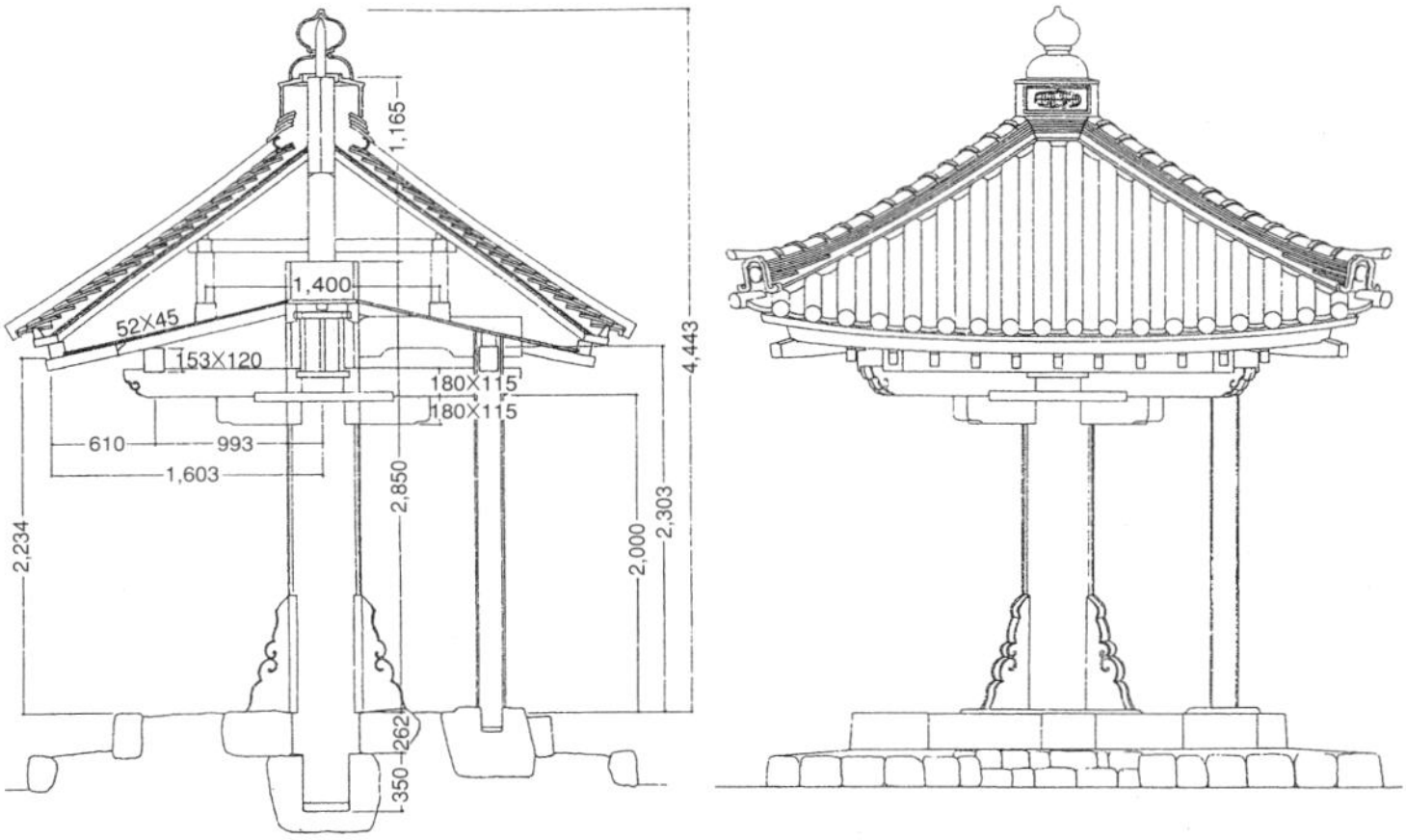

図４　傘堂正面及び断面図（奈良県教育委員会編刊『傘堂』による）

出身の本多家に仕えるようになった。藩主没後三年目の延宝二年（一六七四）、亡き主君から蒙った恩義に感謝し、またその菩提を弔う目的で影堂・位牌堂としての「傘堂」が建てられたことがしられる。

また『西国三十三所名所図会』に記されているように「君侯の霊牌」は、三大字内の三寺、すなわち明円寺（浄土真宗・新在家）、観音寺（浄土宗・今在家）、石光寺（浄土宗・染野）が輪番で保管の任に当たっている。一方梵鐘については、同書に妙栄寺が預かっているように書かれているが、新在家の明円寺をさすものであろう。現に同寺には、今でも中型の梵鐘（総高七八センチ、口径五〇センチ）が本堂南隅の軒先に吊り下げられている。

さて件の霊牌を「八月朔日この傘堂に持ち来り、香華供物をそなへ、妙栄寺の鐘を出だしてここに釣り、四面に幕を張り、燈籠をつりて、村中の老若ここにつどひ、僧を請じて読経せしめ云々」とあるが、今日では毎年九月一日の八朔の日には、三大字の役員が集まって位牌を（統家の）墓碑前に据えて、「オイケの施餓鬼」、また「傘堂の施餓鬼」と呼ばれる法要が営まれる。一年ごとに輪番で位牌を預かる寺の住職が導師を務め、法要のあと一同で飲食をしている。

「傘堂」は当麻レンゾの時に賑わうと先に記したが、近在一帯では農家の春休みをレンゾと称しており、当麻寺の練供養がある五月一四日が当麻レンゾなのである。当麻寺（真言宗）は中将姫伝説でしられており、中将姫が当麻寺で現身のまま成仏された、という伝承を再現して演じるのがこの練供養である。練供養は、正しくは聖衆来迎練供養会式《しょうじゅうらいごうねりくようえしき》と呼び、念仏者が没する時、西方《さいほう》極楽浄土より阿弥陀が二十五菩薩を従えて迎えにくるということを示したものである。昭和三三年（一九五八）から三五年にかけての本堂解体修理の時、平安時代末の板光背や蓮台がみつかり、練供養に使用されていたとみられることから、平安時代に菩薩が行道するような形のものが始まったとみる説もある[19]。練供養は、西方浄土に見立てられた本堂（曼荼羅堂。この時に限り極楽堂と呼ぶ）と境内の娑婆堂に長い掛け橋＝来迎橋が架けられ、まず中将姫の輿を安置して練供養が始まる。本堂で勤行の後、天童二人、二十五菩薩に観音・勢至・普賢の三菩薩が娑婆堂に向かう。娑婆堂で三菩薩は中将姫の像内から、化身《けしん》の宝冠阿弥陀仏像を取り出し、それを蓮台に載せて本堂に向かう。二十五菩薩も三菩薩に従って本堂に入堂する。一行が本堂（極楽堂）に入るころ、ようやく夕陽が傾き、紫雲たなびく二上山はさながら西方極楽浄土を思わせるという[20]。

この日は近在のみならず遠方からも行楽を兼ねて多くの人びとが訪れてくる。練供養の光景をみながら、極楽浄土へと思いを馳せるのかもしれない。またわが身もかなえられるものならばとこの日賑わうのが、当麻寺にほど近い「傘堂」なのである。合掌し、般若心経などを唱えながら「傘堂」の真柱の周囲を巡り歩く人の姿が目に止まる。身体の前面を柱の一面に接し、次に背を付けては柱の周囲を東から右回りに三回巡り、さらに逆方向に一回まわると願いがかなうという。現在では混雑がひどいため、「傘堂」を所有する周辺三大字の寺の僧が毎年交替で世話役を務めているようである。奈良県教育委員会編刊の報告書『傘堂』には、「この日『無病祈願』、『正念祈願』、『晴朗祈願』、『神祇祈願』の傘堂の朱印を、下着や代りの晒布などに押印してもらい、これを持って柱を巡り、自家で布団や枕の下に敷いて就寝していると、患うことなく、家人に世話をかけることなく、往生できるものと信じられている。一年に一度ここへ参り、毎回一つずつ印をもらい、四年で一通りの願を懸けることになると説明され、参る人の大半は女性である」と記されている。(21) しかしながら「傘堂」をよく眺めてみると、真柱のみならず梁・桁から軒裏に至るまで無数の落書に覆われている。祈願者が名前と年齢を記したものだが、一人のものも見受けられるものの、あんがい夫婦が名を連ねているものが多い。およそ五〇代から八〇代の人びとのものであり、なかには「嫁取りお願いします　何某三五歳」といったものも確認でき、安楽往生祈願が圧倒的に多いように見受けられるが、このようなものも散見できる。

「傘堂」のポックリ信仰は、当麻レンゾ、練供養との関連は想定できても、直接阿弥陀信仰との関連を想起せしめるものは『西国三十三所名所図会』や『傘堂』の記述にも見受けられなかった。ところが驚いたことに、芝崎の報告のなかに「以前はこの傘堂の心柱の東西上部にある厨子に、阿弥陀が安置されていましたが、現在は石光寺に傘堂納経印と共にあり、釣られていた喚鐘は近くにある明円寺に預けられています」と記されているのである。さらに祈願の方法については、「老人達が自らの新しい下着を持参し、傘堂の阿弥陀のある石光寺に行って、『傘堂』と書かれた納経印をうけて、持参した下着を輿に巻きつけて、弥陀の安置されていた所を正面に、念佛を唱えながら、左から右へ三回、逆に右から左へ一回、手を合わせながらぐるぐる回り、最後に弥陀を背にして、用便する様な姿でお尻をつき出し、お尻をポンと一回叩くのです」とある。[22]

この記述と『傘堂』の報告書の内容とを重ね合わせると、その年の世話役の寺院が位牌と阿弥陀仏を保管しているように思われるが、石光寺さんに確認すると、厨子入りの像高一五センチほどの阿弥陀は同寺が保管しており、当麻レンゾの日はこれを持参し、ご住職が奉仕されているとのことであった。そうして芝崎の報告する祈願方法からは、阿弥陀の重要性が確認できる。だからこそ当麻レンゾとも容易につながりえたのかもしれない。ただし、安楽往生祈願よりも、スソ除け（大小便の世話を他人にかけない）祈願にウェートがおかれている点は、他地域のそれと変わりがない。

以上吉田寺、阿日寺、「傘堂」と奈良県下のポックリ信仰の歴史的展開と実態についてみてきた。まず吉田寺と阿日寺であるが、片方は（浄土教の発展に多大な影響を与えた）恵心僧都創建の寺と伝え、他方は恵心僧都誕生の寺といい、ともに阿弥陀仏がご本尊であった。有吉佐和子の『恍惚の人』がベストセラーとなる時期と前後して両寺は脚光を浴び、しばしばマスコミにとりあげられてきた。しかし阿弥陀信仰とのかかわりから考えても、それ以前にこの種の信仰がなかったというわけではない。とり立てて騒ぐこともなかったというにすぎない。いずれにしても両寺とも七月一〇日の恵心僧都の忌日法要は盛大を極めるし、腰巻祈禱なるものをしていたという点で意外にも共通項を有していた。しかし前者は「お香水」を、後者は欄間の二十五菩薩の来迎の彫刻と対応させて「地獄絵図」を掲げ、それを前面に出しながら、一方ではそれぞれ独自の布教活動を展開し、今日に至っている。

残るもう一つの当麻町「傘堂」は、特異な形態から近世以来注目を浴びてきたが、やはり阿弥陀信仰とのかかわりから当麻レンゾと結びつき、いつしかポックリ信仰の対象としてあがめられるようになったことが確認できた。

結びにかえて

仏教の受容のあり方、その歴史的展開過程の分析をとおして日本人の信仰基体の究明を試み、数多くの業績を残してきた伊藤は「ある宗教ないしは信仰が定着する過程で、必ずといってよいほどみられるのはその民俗化現象である。阿弥陀信仰の場合、その民俗化は主として念仏と往生に関した儀礼習俗に集中している。これは阿弥陀信仰が、阿弥陀の本願を信じ、念仏によって極楽浄土へ往生することを内容としていたことと対応したものである」と指摘している。[23] 念仏に関する民俗的な儀礼をみると、鎮送追善の念仏、雨乞いや虫供養などの農耕念仏、さらには家内安全や無病息災を祈願する除災招福の念仏が思い浮かぶ。阿弥陀信仰の主たる信仰表現は念仏であり、その念仏を唱えるということは往生行にほかならず、いわば後世のためにするものであった。ところがこのように、念仏は鎮送追善・祈禱・除災などの機能をも持ち合わせた、現世・後世二世にわたって効験を発現するものとして受容されてきた。「どの時代の佛教も、現世利益を少なくとも複線としてもって来た。現世利益が宗教と庶民を結び合わせる役割を果たして来たからである」といった見解も示されているが、[24] 京都の『真如堂縁起』の内容からもそのことは明らかである。またその真如堂の十夜念仏についてみても、結願時の十夜粥と中風除け・タレコ止めのご利益に象徴されるように、ポックリ信仰の現世利益的側面が際立っていた。そのことは、奈良県下の事例をみても変わりがない。その主たるご利益がスソ除けにほかならないからである。

一方、往生に関する民俗的儀礼としては、来迎会やゼンの綱などが考えられる。[25] 来迎会についていえば、阿弥陀仏が登場する来迎会（迎講、二十五菩薩練供養）は元来往生儀礼であり、それが視覚化されたものにほかならないが、さらに鎮送追善や生者の滅罪生善・擬死再生的機能が加わったものという。[26] 当麻寺の練供養の衣装に記された寄進者の銘からもそのことが理解される。

ちなみにその菩薩の数については、恵心僧都源信らが中心となって始めた「二十五三昧講」にちなむものとされている。当麻レンゾや、阿日寺本堂の二十五菩薩来迎の欄間彫刻がポックリ信仰に与えた影響には少なからぬものがあると思われる。京都市・泉湧寺の即成院《そくじょういん》（真言宗）でも二十五菩薩来迎会が行なわれており、やはりポックリ信仰の寺としてしられている。寺院側は阿弥陀信仰とのかかわりを強調しているが、参詣者のなかには、同寺にある那須与一公の墓と結びつけて理解している向きもあり、それについては次章で改めて考察することにしたい。

さて、小稿の冒頭で引用した朝日新聞への投書者の記事によって明らかなように、また京都府下や奈良県下の事例から判明したように、「寝たきり老人になってしもの世話になること」への不安感、また万が一そうなった場合の精神的苦痛への危惧からポックリ祈願に赴く人が数しれない。しかしそれは、年寄もしくはその域に近づきつつある人、さらにはいつ介護役に回りかねないかやきもきしている人の場合である。介護に追われている家族のほうは、みかねたあげく当人の安楽往生を願わざるを得ないだろうし、立場によって微妙な差がある。僧侶のなかには距離をおきたがる人も少なくないが、たとい現世利益的な側面が強いとはいえ、そうした多様なニーズと向き合い、何とか対応しようと努めているのがポックリ信仰の寺院、堂宇にほかならないのである。

註

（1）「ポックリ死は理想か—健康に死ぬためには健康な老い方をしよう—」『AERA』Vol.12 No.28　朝日新聞社　一九九七年。

（2）松崎憲三「ポックリ（コロリ）信仰の諸相㈠—東海地方を事例として—」『日本常民文化紀要』二三輯　成城大学大学院文学研究科　二〇〇三年　八一～一一七頁。同「ポックリ（コロリ）信仰の諸相㈡—東北地方を事例として—」『日本常民文化紀要』二四輯　成城大学大学院文学研究科　二〇〇四年　一～三四頁ほか。

（3）伊藤唯真『仏教と民俗宗教』国書刊行会　一九八四年　二八九頁。

（4）竹村俊則編『日本名所風俗図会八巻・京都の巻Ⅱ』角川書店　一九八一年　八四頁。

（5）高橋弘次「十夜念仏」『仏教行事歳時記10月・十夜』第一法規出版　一九八九年　二一～三二頁。なお、『真如堂縁起』は次のとおりである

　永享の比（一四二九～四一）をは　伊勢守貞経舎弟貞国（法名は真蓮）といひし　若年より深く弥陀の誓願に帰し　口称念仏を諦とす　現当二世共以二如来を一奉レ憑心無二他事一或時倩三界有為の転を嘆き　四相（生・老・病・死）遷流の無常を思ひて　たとひ吾千秋の穎を保つとも　松樹終に朽木となる　万歳楽に誇るとも　蓬島更に腐草と空し過去遠遠の沈淪　未来永永の憂患を案じとりて　当堂に参詣して三日三夜の念仏を始む　三夜通夜して明がたに髪きらむと思定てまどろみけるに　殊更になん□□とする枕ちかく僧形たちまして　汝が現世後世ともに　我を頼む志全く偽なし　来生は超世の願に任せてむ　今世の事は今三日を可二相待一と至現し給う　夢とも覚えず　いかにかと申けるに　詠歌を以って「心だにたてしちかひにかなひなば　よのいとなみはとにもかくにも」　この告夢にまかせて　まつとんせいの事思留りけり　翌日に舎兄貞経上意にそむいて都を忍て　吉野の奥に蟄居す偖舎弟貞国を召出されて　瑞夢の如く三日と申に家督

に定まりぬ　繁盛不二尋常一といえども　常に参詣懈なき也　此瑞夢の露顕し達二上聞一　三日三夜に続て七日七夜の念仏を取り行ふ　仍二て此儀一十日十夜と名付始めけり　是より堂塔も供養し　末代にとて十夜の寄進寺中迄も施物を請し也　其故弥よ上意御感有けり　諸人群参不レ浅事　貞国の名位偏に如来の御誓とそ申あへり　以レ然貞国は中古の本願の初なり　十夜は末世の本望有之義也

（6）同右　二一～二二頁。

（7）清水真澄「十夜念仏の寺」『京の古寺から・11　真如堂』淡交社　一九九五年　八一頁。

（8）松崎憲三「地蔵とポックリ（コロリ）信仰」『民俗学研究所紀要』二七集　成城大学民俗学研究所　二〇〇二年　一四九～一六五頁。

（9）清水真澄前掲（7）七九～八〇頁。

（10）伊藤由佳子「ポックリ信仰の諸相」成城大学大学院文学研究科　一九九六年度提出修士論文、未発表。

（11）かしまし娘云々の話は、現住職奥村真永氏（昭和三九年生）によるものである。

（12）木村博「『安楽死』をめぐる民俗」『日本民俗学』七五号　一九七一年　六七頁。

（13）井上勝也「ポックリ信仰の背景」『ジュリスト増刊総合特集12・高齢化社会と老人問題』有斐閣　一九七八年　二〇〇～二〇一頁。

（14）斑鳩町史編集委員会『斑鳩町史・本編』斑鳩町　一九七九年　六六四～六六六頁。

（15）阿日寺発刊のパンフレットによる。この種の類は資（史）料的価値を過小評価する向きもあるが、庶民の宗教的欲求にどう寺院が対応しているのかを端的に示しており、民俗学的に貴重この上ない資（史）料といえる。

（16）芝崎真悟「ポックリ信仰の実態―奈良・当麻・阿日寺の事例を通して―」『佛教福祉』創刊号　佛教大学社会事業研究所　一九七四年　四五～四六頁。

(17) 林英夫編『日本名所風俗図会一八巻・諸国の巻Ⅲ』角川書店　一九八〇年　一八七〜一八八頁。
(18) 奈良県教育委員会編刊『傘堂』一九八八年　七〜一七頁。
(19) 坂本要「練供養」『日本民俗大辞典』下巻　吉川弘文館　二〇〇〇年　三〇七頁。
(20) 岩井宏實「当麻寺の練供養会式」『大和の年中行事』大和タイムス社　一九七二年　二〇四〜二〇六頁。
(21) 奈良県教育委員会編刊　前掲（18）三頁。
(22) 芝崎真悟　前掲（16）四三〜四四頁。
(23) 伊藤唯真　前掲（3）一〇三頁。
(24) 管井大果「老人福祉と佛教について―ぽっくり寺が目指すもの―」『仏教福祉』一一号　仏教大学仏教福祉事業研究所　一九八五年　一二四〜一二五頁。
(25) 阿弥陀仏の画像から結ばれる五色の糸は死者が引接されていく往生儀礼にほかならない。民俗儀礼にも認められるが、滋賀県その他では、棺にかけたゼン綱を導師が持って葬列を進めるという例もある。
(26) 蒲池勢至「阿弥陀信仰」『日本民俗大辞典』下巻　吉川弘文館　二〇〇〇年　四四頁。

Ⅵ　那須与一とポックリ信仰

はじめに

那須与一は鎌倉時代初期の源氏の武将であり、屋島の合戦のおり、船上に揺らめく扇の的を射落とした弓の名手としてあまねくしられている。しかし、『続群書類従』の「那須系図」には「無双之弓馬之達者也。属二源義経一。於二四国八島一射レ扇」と注記されているものの、正史にとりあげられることのない挿話で、事実談かどうか判然としないという。[1] また、生没・系譜などの実態も不明とされている。[2] にもかかわらず、『平家物語』の「那須与一」「弓流」、『源平盛衰記』の「屋島合戦附玉虫扇を立て与一扇を射る事」などを通じて扇の的の場面は流布し、謡曲・狂言・幸若舞曲など後世の芸能の好古の題材となった。さらには絵馬や錦絵に描かれるとともに口承文芸を通じて、那須与一の名は一躍しれわたるようになった。全国各地に遺品や所持仏が残されているとともに、与一自身も信仰対象として祀られている。

この那須与一の民俗学的研究は、平成元年度（一九八九）から二年計画で栃木県立博物館によってなされ、その成果は『那須与一の歴史・民俗的調査研究』としてまとめられている。(3) 栃木県内外の口承文芸、絵馬、和讃や系図、墳墓やゆかりの寺社とその縁起などが整理して収められており、貴重この上ない。また、那須与一の民俗宗教的側面については、同書の「那須与一の伝承と信仰――民間信仰の中の与一像を求めて――」なる論稿で、山中清次が分析を試みている。(4)

山中は、与一の生誕・生育伝承、出家伝承、死亡伝承を整理し、与一と八幡信仰、阿弥陀信仰とのかかわりについても言及し、その死に方に着目した上で与一信仰の特徴を「祟りによる非業なる最期と、さらに『遺言伝承』を以てその病気の守護神になるという民間信仰である」と指摘し、宮田登による近世霊神信仰の類型、(5) 祟り克服型、救済志向型といった人神として把握しようとしている。またポックリ信仰に関しては、

あの平家のシンボル的存在の太陽を描いた「紅に金色の日の丸の扇」を一発の弓矢で射落とした弓の技は神技であると前述したが、太陽は生命の根源、その太陽を描いた扇を落とす、それは人間の命を落とすことと重ね合わせて考えることも可能である。日の丸の扇を落とす行為を即死、ポックリ死の願いに転化し、あの神技をなしとげたという与一を神と信じてポックリ死の霊験を求めたのではないかとも考えられるのである。平たくいえば現世利益の「あやかり信仰」とでもいえよう

表4　那須与一の石塔等一覧

『那須与一の歴史・民俗的調査研究』（栃木県立歴史博物館　一九九一年）掲載のデータに加筆・修正の上作成。

番号	伝承地	与一の最期に関する伝承	終焉の地・石塔など
1	山形県米沢市　（一乗院跡）		「与一供養塔」あり。子孫が祀る。
2	神奈川県厚木市旭町（旧智音寺）		「与一の墓」あり。五輪塔二基。貞治・延文の銘あり。
3	長野県下水内郡栄村和山		「与一の墓」あり。菊の紋入り。
④	京都市東山区泉湧寺山内町（即成院）	出家して病を得て治療したが死亡。また死んでいく時にスソの世話になる。	京都伏見即成院、享年三四歳。石塔あり。
⑤	京都府亀岡市下矢田町（那須与市堂）	出家して念仏行に励みながら余生を送って死亡。	京都伏見大亀谷。近年建立の「霊魂塔」あり。ほかに永禄二年銘の石塔あり。
⑥	神戸市須磨区妙法寺町（那須与一公墳墓）	身体不自由になり念仏講に介護されて死亡。	出家後北向八幡に住居を構えた。同所念仏堂に石塔あり。
⑦	兵庫県篠山市井串（瑞祥寺）	戦場への途次、しもの病の平癒祈願をする。出家後再訪、与一大権現として祀られる。	京都伏見即成院に入る。石塔あり。但し管理者は別。
8	和歌山県田辺市長野（不動寺）	なぎの木を植えて「枯れなければ切るな」と遺言して死亡。	石塔あり。
9	和歌山県牟婁郡中辺路町	隠居後死亡。	没後塚と観音堂が造られる。

10	岡山県井原市西江原町	出家後難病に罹り、醜い顔になって死んだという。	即成院で病死。永祥寺の山中に伝那須与一古墳あり。
11	広島県山県郡戸河内町寺領谷	この地に遣され、晩年与一野に住み、地蔵を迎え田畑の開墾をした。この地で最期を迎えた。	如意庵に石塔あり。
12	島根県飯石郡頓原町八神		「与一の墓」あり。かたわらに「馬塚」、「甲塚」もある。
⑬	徳島県名西郡石井町高原	領主になり、隠居後死亡。	与一神社に夫婦の石塔あり。

（参考資料）

i	島根県大田市三瓶町池田（奥畑）	子孫が住みつく。	与市の墓があると伝えられている。
ii	香川県小豆郡土庄町大部		観音寺近くの墓地に、与一の娘カネの石塔がある。

以上のような見解を示している。「あやかり信仰」についていえば、「一発必中」のそれは合格祈願と結びついて信仰されているむきも強いのではないかと考えられるが、ともあれ、那須与一がポックリ信仰の対象となっているのは表4「那須与一の石塔等所在一覧」のうち④、⑤、⑥、⑦、⑬であり、一三基あまりある石塔類の一部、しかも西日本に偏っている。小稿ではこれら宗教施設の由来について分析を試みるとともに、信仰の実態について検討を加えることにしたい。

一　京都府の那須与市信仰

即成院

即成院は総門近くにある泉湧寺の塔頭の一つで、那須与一の守り本尊阿弥陀如来および二十五菩薩を安置する寺院としてしられている。境内には与一の墓といわれる巨大な石造宝塔もあり、そこに至る通路には「合格祈願」の幟が幾本もはためいている。安永九年（一七八〇）に著わされた『都名所図会』巻之五には

即成就院《そくじようじゆいん》は深草のひがし、大亀谷《おほかめたに》にあり。本尊は阿弥陀仏の坐像なり。脇壇に二十五菩薩、ともに恵心の作なり。この霊像は恵心僧都叡嶽横川《えいがくよかわ》において説法したまふ時、一人の老翁来り、われは都の南、伏見里に住むものなり。一ツ斎《さい》を捧げん事を乞ふ。恵心その詞《ことば》に応じて伏見に至る。指月《しげつ》のほとりの草庵よりかの翁立ちいで、仏間に請じ、極楽浄土の宝味なりとて捧げしかば、僧都奇異の思ひをなし、老翁は何人《なんびと》ぞと問ふ。答へて、我は仏在世にありし維摩居士《ゆいまこじ》の化現《けげん》なり。師の法徳を感じてここに来る。恵心座を下りて拝し、冀《こひねがは》くは正真の如来を拝せん事を願ふ。翁すなはち西の空に向かふて敬礼《けいらい》しければ、忽然として紫雲たなびき、音楽と共に本主阿弥陀仏・二十五菩薩空中に現れたまふ。漸《やや》あって老翁諸《もろ》と

も西の天《そら》に飛び去る。僧都感信の余り、すなはち来迎の相を自ら刻んで当寺の本尊としたまふ。また寿永の頃、奈須与《なすよ》一《いち》宗高《むねたか》平家追討のため出陣の時、当院に詣《まう》で祈誓して曰く、今度戦場において誉《ほまれ》を得さしめたまへ、当院を再建《さいこん》すべしと。すなはち仏前の幡《はた》を取って笠印《かさじるし》とし、西海《さいかい》に下り壇の浦にて扇の的《まと》を射て名誉を天下に露《あらは》す。これ本尊の擁護なりとて堂舎を修造し、願望成就の奇特《きどく》を世に知らしめんとて即成就院とぞなづけける。

那須与一宗高石塔（堂の前にあり。高さ一丈ばかりにして無銘なり。笠石は堂の内にあり）軒《のき》端梅《ばのうめ》（塔婆のかたはらにあり。由来詳《つまびら》かならず）

とあり[6]、恵心僧都ゆかりの寺院であるとともに、毎年一〇月の第三日曜日に「廿五菩薩おねり供養」を行なっているのであり、その点に留意しておきたい。即成院では春秋の彼岸法要や五月二四日の柴燈《さいとう》大護摩法要が盛大に実施されているほか、八月八日には那須与市ご命日法要（同院では与市の字を宛てている＝筆者注）が営まれている。与一と同院との関連について「即成院略縁起」なるパンフレットには「（前略）源義経の命により出陣の途中、都まできた時俄に病にかかり難儀したが、当院の本尊阿弥陀如来の霊験あらたかなるを聞いて参籠し、病気平癒の祈念の結果、忽ち本尊の利益《りやく》が顕われて平癒した。与市は報恩の堂宇を再建し、本尊を念持仏として、小像を刻み、甲の中に納め出陣した。特に屋島の戦では平家が軍船上に一竿を建て、竿頭に日の丸の扇を掲げ、これを射よとの挑戦に、義経は与市に射落とすことを命じた。与市は馬を海中に乗り入れたが大浪小浪に驚き荒れ狂い、狙いを定めることが出来なかった。そこで一心不乱に本尊阿弥陀如来の冥助を念じたところ利益が顕われ、馬も鎮まり、扇面をめがけて矢を放てば美事その要を射て平家の水軍敗退の因を完遂した。与市はこの戦功によって丹波・信濃・若狭・武蔵・備中五州を受領し、下野守に任官し、御礼言上の為上洛参内した。帰途伏見桃山即成院に参籠、武道を捨て入道し、小庵を結び朝暮信心怠らずお守りした。その後病を得て文治五年八月八日逝去。時に年三十四才であった」と記されている。

死に至らしめた病名には触れられていないが、「死んでいく時にスソの世話になった」と伝えられ、ポックリ信仰の対象としてあがめられるに至り、参詣に訪れる年寄も少なくない。一方、寺院側は安楽往生を阿弥陀信仰と結びつけて説明しており、数年前から那須与一を合格祈願にご利益のある存在としてアピールし始めた。ポックリ信仰に関しては一般参詣者と寺院との間には多少の認識のズレが認められるが、与一も阿弥陀の信奉者であり、行き着く所は阿弥陀信仰ということになる。「廿五菩薩おねり供養」がその象徴的存在といえよう。い

写真16　那須与市の石塔（京都市・即成院）

ずれにしても参詣者側は、名を馳せたヒーローの死にぎわと自分の行く末のイメージをダブらせながらポックリ往生という現世利益を求めてきたことが伺える。一方、寺院側は、阿弥陀信仰の布教に果たす与一の役割に期待するむきもあろうが、近年合格祈願を前面に打ち出すという形で、ややシフトを移しつつあるというのが現状である。

問題は何を契機に与一が即成院とかかわりを持つに至ったかであるが、一つには義経に従って一の谷へ向かうルートに当たっていたことがあげられる。これは京都府下、兵庫県下の与一関連ポックリ信仰の宗教施設すべてについていえることである。徳島県名西郡石井町高原の与市神社も同様である（但し屋島へのルート沿い）。もう一つは、荘園・那須荘と即成院との関係を仲立ちとするものである。赤津健壽によれば、平治元年（一一五九）から文治五年（一一八九）までの記録とされる島田文書の「宣陽門院領目録」のなかに「下野国那須庄上庄下庄」なる記録があり、また、応仁二年（一二九四）以前ないしは暦応四年（一三四一）ごろに著わされた『拾芥抄』に「後白河院皇女宣陽門院、下野国那須荘ヲ当寺ニ喜捨ス」とあり、那須荘は宣陽門院から当寺、即ち即成院に移ったことがわかるという(7)。つまり即成院が那須荘の本所であることから、元暦元年（一一八四）五月の入洛のおり、伏見の光明山即成院を訪れ、先の『都名所図会』「即成就院」後半部分に描かれているように、祈誓の上戦場に旅立ち、功なり名をとげた後、堂舎を修造したということになるのである。なお、栃木県矢板市の沢観音寺には、同寺から京都へ修行に遣わされた宥辨《ゆうべん》なる僧侶が、即成院に立ち寄って筆写したと思われる、元和五年（一六一九）銘の「那須餘一宗隆即成院往生由来」なる文書がある。[8] それによって、与一が武勲をあげて故郷に凱旋した後、京都の光明山即成院の本尊阿弥陀如来を勧請し、那須郡黒羽町余瀬に即成山光明寺を開基したことがしられる。山号と寺号が本寺のそれと入れ替わっている点が興味深い。

法楽山那須与市堂

下矢田集落の南、法楽寺山に与市堂がある。

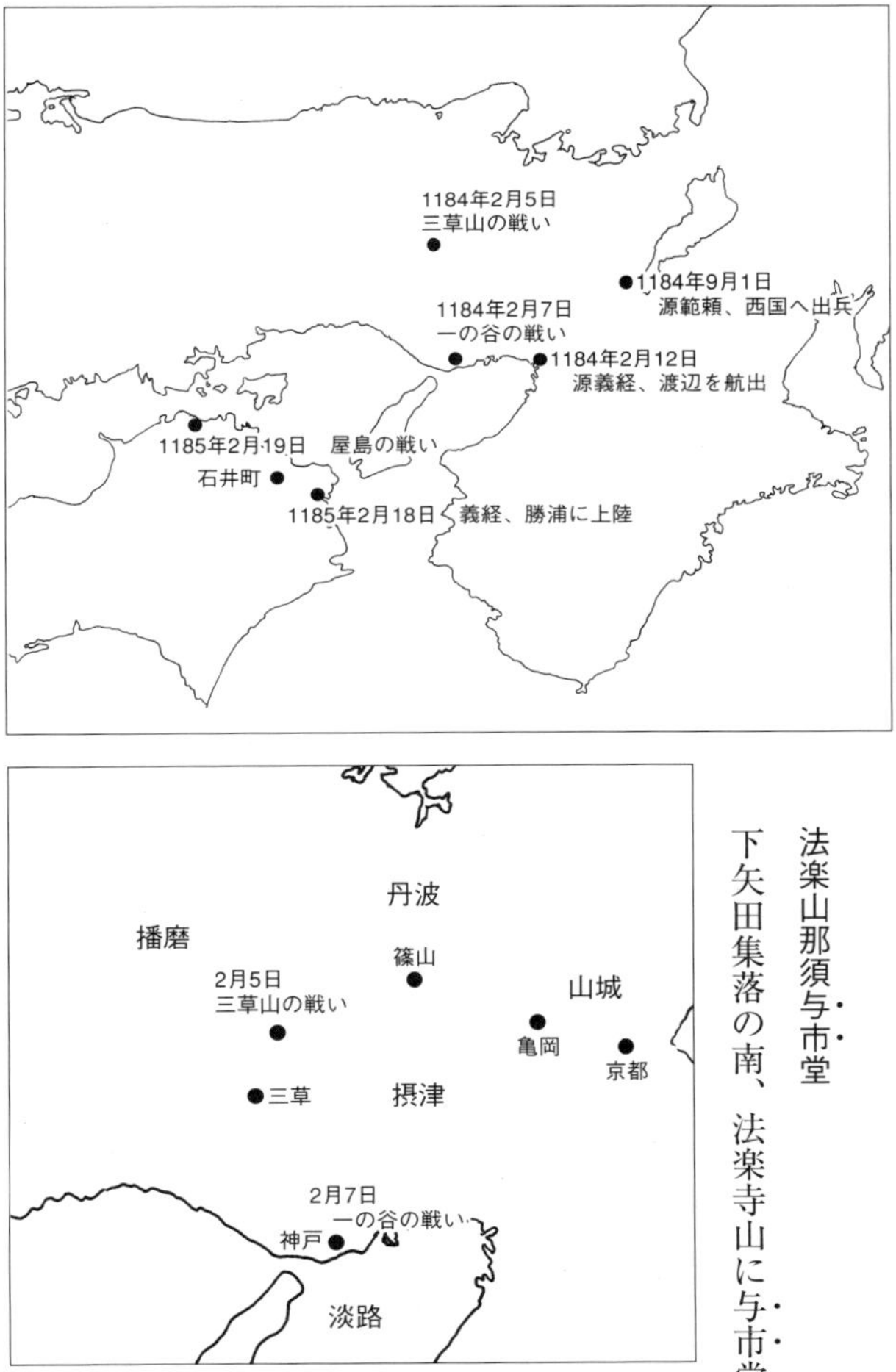

図5　一の谷・屋島合戦略図

源平合戦の時、源義経に従って一の谷へ向かった那須与一宗高が同地付近で急病にかかったが、恵心僧都作と伝える法楽寺本尊阿弥陀如来のお蔭で癒え、弓矢の名をあげたお礼に法楽寺を再興したという。享保元年（一七一六）に同寺は炎上したものの本尊は黒焦げとなって残った。のち明治二六年（一八九三）に堂の改築が行なわれた。(9) おそらくそのころにまとめられたと思われる「亀岡法楽山那須与市堂本尊略縁起」なるものがあって、その内容は次のとおりである。前半部分では、本尊の阿弥陀如来が恵心僧都の作であること、そして阿倍清明が法楽寺を建立したことを記しており、阿倍清明を登場させている点が即成院のそれと異なる、独創的な部分である。一方、後半の部分では、源平合戦のおり、源義経に従って一の谷へ向かう途中に那須与一宗高が、同地附近で急病にかかったものの、恵心僧都作と伝える本尊阿弥陀如来のお蔭で癒え、弓矢で名をあげたお礼に法楽寺を再興したと、「即成院略縁起」同様のことが書かれている。この略縁起は、那須与市奉賛会（会長・松平ほの氏）から出されているが、同会は地元の亀岡第二老人クラブのメンバーによって組織されているもので、常連は二一名ほどである。本堂のご本尊は阿弥陀三尊であり、うち阿弥陀像は木像で縁起にあるように焼けただれているが、脇侍は鋳造のものである。本堂、仏像は奉賛会所有にかかるもので、土地は亀岡財産区が所有している。そのかたわらに老人会館があって、老人会が同財産区から借り受けている。毎月八、一八、二八日の午前中、老人会が集まり念仏勤行をしている。十数年前までは本堂隣に庫裏《くり》があって、堂守もいたそうである。そのころは結構人がやってきて庫裏にある薬湯につかったり、おきゅうをしてもらって帰る人もかなりおり、二〇年前あたりまでが最盛期だったという。またそれまでは井戸もあって、この水をいただくと安らかに往生できるとされ、重病人がいる家からこの水をもらいにくる人がいた。寝たきりの人が飲んで一〇日ほどもてば治ると信じられている一方、「どうせ赴くなら楽したい」と年寄がいうのでもらいにきたという若い嫁さんも少なくなかったようである。こうした霊水に関する伝承は、ポックリ信仰関連施設でよく聞かれるものである。

いずれにしてもご利益の最たるものは例に漏れずにしもの病封じであり、このほか身体健康・諸病平癒・先祖供養・家内安全等々である。そうしてご祈禱料二五〇〇円、お加持料一〇〇〇円、衣類への押印料三〇〇円等々となっている。春秋の彼岸時には案内状を二〇〇通ほど（最盛期三〇〇通ほど）だしており、園部町ほかの京都や滋賀県方面からおよそ七〇名程度が訪れる。この日は京都市・東寺の坊さんにきてもらい、祈禱していただいている。

ちなみに、与市堂境内には石像地蔵や永享二年（一四三〇）銘の石塔があるほか、近年建立されたと思しき「那須与市宗高公霊魂塔」なるものが存在する。その銘文は以下のとおりである。

一石諸災消除
当病平癒祈願
一字護法圓満

元城主宿場　谷垣武家一族
篠山町王水郷　谷垣禅翁　元祖
多紀三十三霊場会有志一同

あるいは那須与一の子孫などゆかりの人びとの建立にかかるものかもしれないが、次節でとりあげる兵庫県篠山市伊串・瑞祥寺の那須与市大権現との関連を想起させる。

二　兵庫県の那須与市信仰

那須与市大権現

伊串は篠山盆地の東部に位置するが、寿永三年（一一八四）源義経は、播州三草山、一の谷の合戦のおり、京都から山陰道をとおり、篠山市東部の天引峠を経て丹波に入ったとの説もある（図5参照）。義経進軍ルート沿いのここ伊串にも、即成院、那須与市堂と類似の伝承があって、霊輝山瑞祥寺に那須与市大権現が祀られており、また在所内には与一の墓もある。土地の老人が記すこれらの由来は次のとおりである。(10)

一一八四年、平家にあらずんば武士にあらずとまで驕りし平家一門を、都京都より追放した源頼朝は、摂津の福原に逸れて都への野望で勢力の挽回を図る平家一門の追討を弟範頼、義経に兵を二軍に分けて向かわせた。義経は軍を率いて京都より丹波を経て摂津の福原を背後より攻撃すべく出発した。義経のもとに頼れる家来の弓の名手那須与市宗高がいた。老の坂を経て天引峠を過ぎ、籾井の郷を通り、伊串の里にかかりし時那須与市が持病の下の病いで苦しみ出し、瑞祥寺にて休息、無事に働きが出来る様にと平癒祈願。すっかり回復し、無事平家一門を一の谷の奇襲に依り屋島へと追放することが出来、屋島の合戦で平家の掲げる扇の的を見事に射落とし、武勇の誉を上げることができた。平家追討の戦さも終わった後那須の与市は瑞祥寺を訪れ、「今後下の病いに困る人あらば権現《(ママ)》して守り助けたい」と祈願したと伝えられて、後世那須与市宗高と刻んだ石碑を建立して瑞祥寺にお祀りした。

瑞祥寺は一説に往古亀峰山観音寺といい、天文年間（一五三二〜五五）に大破するにおよんで、城主荒木山城守が再建し現名に改称したものという[11]。境内に観音堂もあるが本尊は荒木氏の持仏、阿弥陀如来である。曹洞宗寺院では釈迦如来を本尊とするのが一般的であるが、先のような経緯からこうした形を取るに至った。与市の墓と称される「那須與市宗高霊殿」銘の石塔は、現在在所内の荒木何某の屋敷地にある。由来に記されていたようにもとは瑞祥寺にあったものだが、荒木氏が自分の所有物と称して寺から移してしまったそうである。そこで寺側と地域の人びととが相談の上、昭和二九年（一九五四）、三〇キロあまり離れた亀岡市・与市堂から分霊をいただき、寺の本堂隣に小祠を建てて与市大権現と称して祀り直し、今日に至っている。その際、世話人が多紀郡の多くの人から浄財を集めたといわれている。以上のことから亀岡市下矢田町の与市堂に篠山や多紀郡の人びとの建立にかかる「那須与市宗高公霊魂塔」がある理由も判明する。

毎月七日が祭りで、老人会の人たちが般若心経を唱える。正月と四月の七日にはお札を配るが、とくに四月の大祭には近在寺院住職の協力を得て大般若の転読を盛大に行なっている。毎年多紀郡内の人二、三〇〇人あまりが参詣する。この日は近年設立された那須与市奉賛会の世話人たちが炊き出しをし、オニギリやウドンを振る舞い、演芸大会も催される。ご利益はいうまでもなくポックリ往生だが、「嫁の世話いらず」などと称したことから、一時嫁さん世代より反発をかったこともあるという。

那須与市公墳墓

地名の由来は、如意輪山妙法寺（真言宗）の寺名によるが、同寺は聖武天皇の勅願所として開かれ、行基菩薩が毘沙門天を祀ったのに始まったと伝えられている。かつては七堂伽藍三七坊を擁し、一大勢力を誇っていた。現在残るのは円蔵院のみであるが、付近の山や谷にも寺にちなんだ地名が多いことから、広大な寺域を占めていたものと想像される。一方、神社は八幡神社と五社神社とがあり、前者は一般に北向八幡と称され、那須与一が合戦に先立って参拝したと伝えられている。境内には大正一〇年（一九二一）ごろ合祀されたといわれる那須神社がある。近世以降明治五年（一八七二）まで奥妙法寺村と口妙法寺村に二分されていたものの、それ以後合併して妙法寺村となった。しかし今でもこの区分は生きており、自治会組織もそれぞれ独立している。北向八幡もそうであるが（ただし両地域が氏子）、与市公墳墓も口妙法寺の地域内にあって後者の土地は協議会が管理しているものの、実際運営にかかわっているのは与市講のメンバーにほかならない。さて、与市講の活動に触れる前に、まずこの地域に伝わる「那須与市宗高公伝記」なる由緒書（制作年代不明）が伝えられており、それによれば、与一は出家後七畝の土地を北向八幡宮に寄進するとともに、庵を設けて居住していたが、中風になり、念仏堂で村人に看取られながら遺言を残してはてたことになっている。ここでは与一は八幡神の信奉者とされている点で前掲三者の由緒書とは異なるものの、みまかった場所が念仏堂であることから、阿弥陀と無縁でないことも察せられる。

ちなみに与市講の話であるが、病に苦しむ与市を看取り、「私が死んだあとは報恩謝徳のために必ず、あなた方がこのような難病にかからぬようにお守りいたします」との約束を得た人びとの子孫が現在の講員と伝えられている。しかし、実際は与市講の名称そのものはそう古いものではない。以前は葬式や通夜の時に念仏を唱え、春秋の彼岸には加えて百万遍の数珠を繰ったという。昭和五五年（一九八〇）ごろ与市講にいた女性はこの講の名称はもとは念仏講だったと語っており、実際、昭和四七年に刊行された文化庁編『日本民俗地図Ⅲ（信仰・社会生活）』には念仏講に関する記載がある。すなわち「現在の講員は一三名で、江戸時代から一八～二〇名程度の講員数であった。息子が村へ出て、隠居の身になった者に念仏講にはいる資格ができる。念仏講に入ると記帳され、その順にオトウが回って来る。講は年九回、正月一六日、二月一五日（ねはん）、春の彼岸入り・中日・あきに行なう。昔はオトウは一年の任期だったが、今では一回ごとに交替する。念仏講は百万遍の数珠くりをする云々」とあるのがそれである[12]。墳墓のあるお堂の所有をめぐるトラブルがあって組織を変えたようなふしもあるが、若干の変化はあるにせよ、名称変更にとどまったように思われる。

現在与市講員は女性が一七名、男性が三名で、役員は男性がつとめつつ毎日二人交替で墳墓のお守りをしている。なお、これらのメンバーは元協議会の会員もしくはその連れ合いの婦人たちによって構成されている。協議会は少なくとも昭和二〇年代にはすでに存在しており、別名「ムラ」とも呼ばれ、転入者も入ることのできる町内会とは区別されている。つまり協議会々員には口妙法寺地つきの、しかも戸主だけがなりうるのであり、現在四七人いる。なお、与市公墳墓は、口妙法寺のかつてのハカショ（埋め墓）の中心にあってお堂で覆われている。かたわらに小さな念仏堂があり、阿弥陀の掛軸が掲げられている。土地そのものは協議会が所有しているものの[13]、堂宇の類を管理しているのは与市講である。お堂は昭和六年（一九三一）に建立されたもので、それ以前はトタンをかぶせたみすぼらしい覆いがあっただけである。阪神大震災の被害を蒙ったため、屋根や階段はその後修復した。ちなみに与市講の現在の仕事は主として次の三つである。

(1)　お堂のお守《も》り

(2)　お守り作り

(3)　例祭・大祭の運営

(1)のお堂のお守りは、八時から一五時まで主としてご婦人が二人ずつ交替で家並び順に行なっている。(2)のお守り作りは、ストックがなくなりそうになった時、講員に念仏堂へ召集をかけ、阿弥陀の掛軸の前で与市のご詠歌を唱え、百万遍の数珠を回してお正念を入れて作るという。もちろん年によって売れる数は異なるが、毎年五〇〇～七〇〇ほどはけるので、それに対応した数を揃えているようである。(3)の例祭・大祭の運営は、毎月七日に行なわれる例祭と、九月七日の大祭の運営に当たるというものである。例祭時にも現在は二人の当番がお堂に詰めているだけで、他の講員が手伝いにくるということはない。ただ大祭時に限っては、参詣者が多く忙しくなるため、与市講の男性の講員、会長以下協議会のメンバーとその奥さんたちが手伝いにくる。これらのほかに、昭和五〇年代半ば（一九八〇年ごろ）までは、講員の通夜・葬式時に念仏を唱えていたそうである。

なお、昭和六二年（一九八七）から平

写真17　那須与市公墳墓（神戸市須磨区）

成二年（一九九〇）ごろにかけて、講員が女性のみ四、五人という数に減少したことがあった。そのためお堂のお守りが講員の大きな負担となった。講員が減少した理由はいくつか考えられるものの、「姑が嫁をいじめるような感じになった」というある話者の表現が、端的にその理由を説明している。昭和四〇年（一九六五）以降、比較的年配の講員はお堂になるべく早くきて詰めていること、お堂の周囲の墓も掃除することなどを若手の講員に求めた。また、昭和六〇年ごろまで、大祭の日にバラ寿司を作ったり、毎日甘酒を作って販売したりしていた。これは古い講員たちにとっては当然やるべき義務と考えられていたようであるが、そのころ加入した比較的若い講員にはきびしすぎるノルマと感じられていたようである。さらにはそのころはお堂をあけている時間が決められていなかったため、朝はできるだけ早くまるで競いあうかのようで、六時前にやってきて、夕方一九時ごろまでいるという人もいた。古い講員は嫁と同居しているケースが多かったため、家をあけることが可能であった。一方、新人の講員は息子たちが妙法寺の外に世帯を持つなど別居しており、夫婦二人で生活しているケースが多かったので、あまり長い時間家をあけることができず、時間を特定しない堂守はきつかった。また、賽銭をめぐる問題もあった。協議会の資金に繰り入れる大祭の日のものを除いて、与市堂の賽銭やお守りの売上はすべてその日の当番のものになっていた。参詣者が非常に多かった昭和の初期ごろは、年配の女性たちの結構な小遣い稼ぎになった。しかし参詣者が減少する一方では安い金額しか手に入らず、小遣い稼ぎになるという魅力も薄れていた。その上古い講員が新入講員をきびしく指導しようとしたため、講員はいっそう減少してしまったのである。

こうしたことから、当時の協議会長は協議会において与市講の存続のぜひを問い、その上で講員の増加を促す方法を話し合った。その結果、与市堂はムラの財産であるからそれを守る与市講も今までどおり続けてゆかなければならないこと、またムラ以外の転入者に当番をゆだねるのではなく、あくまでムラの者で講員を構成し当番を務めるべきであるとの結論に達した。そして講員の増加を促すためお堂を守る時間帯を定め、宗教色を極力押さえるためにご詠歌を唱える機会を大幅に減らした。さらに当時女性のみで構成されていた与市講のとりまとめ役として男性を加えることとし、その上で講員を新たに募った。こうしてメンバー二〇名が揃い、今日に至っている。

以上のような経緯を辿りながら世代交替が徐々に進み、また与市講の仕事内容が簡略化されていくに伴ない、講員たちの意識も少なからず変化がみられるようになった。ちなみに「与市さんをお参りすると、しもの世話にならずにぽっくりいける」といわれていることを講員たちは当然しってはいる。しかし、現在堂守をしているメンバーすべてがポックリ死の功徳をひたすら信じ、与市さんをお守りしているというわけではない。当番の仕事が楽になったので、他の人とお喋りを楽しむため講員になったという人も少なくない。以前はお喋りもできないほどきびしいもので、足を崩したり、テレビをみたりするのもはばかられたという。古くからいる講員は「今の人は信仰心がない」とよくいう。早朝から日参することを厭わず、掃除などを徹底して行ない、ある程度の敬虔さを備えていたかつての与市講にくらべると、よりおおらかでなごやかな雰囲気が漂っているようで、実際協議会の方でも、運営の円滑化をはかるために、集まりやすい楽しい講づくりに努めているとのことである。(14)

さて、先に触れたように毎月七日が例祭とされ、与市の命日とされる九月七日は大祭と定められている。いうまでもなく大祭に訪れたほうが効験があるとされ、多くの参詣者を集めてきたが、平成六年（一九九四）の阪神大震災以後、とくにこの日に集中する傾向にある。およその数二〇〇名程度である。ふだんの日は平均一二、三人で、天気がよいと二〇人ほど、雨など降ると一人、二人という時もある。岡山、姫路など山陽線沿線の人が多く、そのほか芦屋市、宝塚市、西宮市や滋賀県神崎郡、大阪の堺市などからもやってくるそうであるが、なぜかお膝元の神戸市内の人は少ないようである。平成の初めごろまでは、参詣者の希望に応じて講員が祈禱を行なっていた。といっても相手の名前と干支をいい、鉦を鳴らすというだけのものであった。現在でもときどき祈禱をして欲しいという参詣者もいるが、本人自身が祈願して鉦を鳴らすようお願いしている。加えて講員が祈禱したお守りや与市の朱印を押した布の販売も行なっている。希望があれば下着に印を押すこともあり、圧倒的に女性の下着のケースが多い。下着に印を押してもらえることをしって、慌てて下着を買いに走る人もいる。また、本人が床を離れられない場合、家族が下着を持参してやってくることもある。こうした参詣者の様子をみて、「藁にもすがる感じやろな」と講員は参詣者の心情を推し量っている。下着についてはいうまでもないが、お守りは寝床の下、枕の下に敷くなどし、布は衣服あるいは下着に縫いつけて使用する人が多い一方、居間に置いたままの人もおり、講側ではとくに使用方法を指示したりはしていない。また、墳墓（石塔）の前にある鉦からさがっている紐を「鉦の尾」と称している。これは一年ごとに更新しており、名前と年齢を書いて寄進された（毎年一四、五名の寄進者がいる）赤・黄・青・白などの布を組紐状にして垂れ下げたものである。ポックリ祈願に寄進されるものもあれば、願いがかなったお礼に奉納されることもある。

ここには一三番にも及ぶ「那須与市ご詠歌」が伝えられている。

（第一番）もの丶ふの　ゆみやとるみの　うれしさは　きょうやめでたき　しでのたびだち
（第二番）ありがたや　ねてもさめても　なすのやま　しでのたすけの　ありとおもえば
（第三番）はるばると　まいるこゝろは　なすのやま　たすけをいのる　しものやまいを
（第四番）はるははな　なつはみどりに　あきのつき　ながめてまいる　なすのやまみち
（第五番）いつきても　ねがいをなすの　みはかにて　ささげまつれり　こうのけむりを
（第六番）ひのまるの　おおぎのかなめ　いしやにて　いめきたまへや　しものやまいを
（第七番）もろびとの　やまいをこゝに　すまのうら　ねがうこゝろに　きゆるしらなみ
（第八番）なすやまの　まつふくかぜは　みょうほうの　しでのたすけの　みこえなるらん
（第九番）たえまなき　こうのけむりの　そのとくで　やまいはきゆる　けうのうれしさ

（第一〇番）いまゝでに　かけしねがいは　かないけり　けうもまゐらん　なすのみはかに
（第一一番）ありがたや　なすのけいしん　もろびとに　りやくまします　じひのみほとけ
（第一二番）みをさゝげ　こころをこめて　ねがいをば　なすのみたまに　いのりねがはん
（第一三番）こゝろから　ねがいをかけた　わがしもの　やまいはふしぎ　いしやかなめに

このご詠歌にしばしば登場する歌詞は、「しものやまい」云々であり、どれほど願いが切実であったか思いしらされる。また第六番の「いめきたまへや（いぬきたまへやの意か＝筆者注）しものやまいを」から、山中が指摘するように、弓の名手与一からの「あやかりの信仰」が認められるのはたしかである。しかし、あくまでしもの病を断つことであって命を射落とすことを願ったものではない。ポックリ信仰とは、再三いうように「健康で長生きをし、万一病気になったとしても長患いせず、しもの世話にならず、安らかに往生をとげたい」という心意に基づく信仰であり、安楽往生だけを目的とするものではない。その意味で、一口に「あやかりの信仰」といっても、合格祈願を含めてより多様な側面があることを、ここで改めて強調しておきたい。

三　徳島県の那須与市信仰

与市神社

石井町は名西郡の北東部、吉野川下流右岸に位置する。やはり義経が文治元年（一一八五）阿波の勝浦に上陸し、屋島に攻め上った際のルート沿いにある。旧高原村は明治二二年（一八八九）の町村制施行のおり、高原と中島の両村が合併して成立した村である。そのうち中島にある新宮本宮両神社は那須与市ゆかりの神社とされている。同社の記録によれば、「文治元年屋島の戦に、扇の的を射て功をたてた那須与市は、源頼朝から阿波国名方郡高志郷において、中島・桑島・高原・国実・重松・大万・南島・天神・高畠・西覚円・東覚円・藍畑・第十と、北岸上板町の瀬部・高瀬・高磯・上六条・下六条・佐藤須賀・須那木（寛永年中崩壊）等二八ヶ村三千貫の地を与えられ、その中心地中島の旧祠の側に熊野神社を勧請《かんじょう》して新宮といい、旧社を本宮と唱え、併せて新宮本宮両神社と称した」という。[15]正史である『吾妻鑑』には、那須与一の阿波国名方郡の二八ヶ村領有に関する記載は一切ない。それはともかく、与市は屋島の功績によってこの地方の領土を預かり、中島に館を構えて神社を創建するとともに神宮寺を建て、隠遁生活をした。隠遁の理由は、屋島の戦いで扇を射た直後に平家の老武者を射殺したことや、長い戦いで殺生したことに自責の念を抱いたことによるとか、病気になっていったこと等々が伝えられている。死後奈須家の人びとが与市夫婦の五輪塔を建てて供養し、やがて五輪塔をご神体として与市神社と称し、奈須家や中島地区を中心とする在所の人びとが信仰してきた。[16]ここでは、この地方の奈須姓の人たち（中島にかつて二〇軒あまり存在）が祭祀にかかわっていたこと、新宮本宮両神社の記録や『阿波誌』などの文献史料では与市の字が宛てられており、近年与一と表記されていること、この二点を指摘しておきたい。

なお、二八ヶ村の氏神とされる新宮本宮両神社境内の銀杏は、昭和二八年（一九五三）に県の天然記念物に指定されているが、「矢神の銀杏」と称される与市ゆかりの名木である。屋島の合戦のおり、与市の射た矢がこの銀杏に当たり、矢が落ちた場所にのちに墓所を造ったと伝えられている。現に同社南二町ほどのところに与市の墓所があり、はじめは与市庵を設けて祀られていたものの、のち与市神社として祀られるようになったものである。ご神体は凝灰岩製の五輪塔で大小二基あり、大が与市のもの、小が夫人のものである。しかし逆だと主張する人もおり、地域の人びとの間では混同が著しい。

与市夫妻の墓は「ほっくりさん」と呼ばれ、筆者が調査した平成一四年五月当時、大正七年（一九一八）生れの岡本安子氏が管理に当たっていた。現在は実体がないものの、昭和一一年（一九三六）に与市顕彰会なるものが結成され、会長は木ノ内清一氏で、弓打ちなども儀礼として行なわれていたようである。岡本氏のしる限り、顕彰会々長夫人の木ノ内デン氏がしばらくこの墓所のお守りをしており、病気を患うことなく一〇三歳まで生きた。この地域の人びとの理想は「一〇〇歳まで元気で生きて、あとは七日」、すなわち長生きして患ったとしても七日までというものであり、デン氏はいわば理想的な死をとげたのである。ついで岡本さんの実家（墓所の隣）の母親佐藤イサ氏が代わって管理に当たるようになり、四〇年前に八三歳でやはり安楽往生をとげた。その後四、五年木ノ内さんのお嫁さんが管理し、以後岡本氏が受け継いでいる。いわゆるポックリ信仰の起源は不明であるが、岡本さんの母親がミカンを一房食べてそのまま亡くなり、世間の人びとは、それを「与市夫妻の墓の世話をしていたから患うこともなかった」ものと認識し、「彼女のようにあやかりたい」と願い、それ以降は「与市夫婦の墓」というよりは「ほっくりさん」と呼ばれるようになった。少なくともポックリ信仰がさかんになるのは、木ノ内デン・佐藤イサ両氏の死を契機としてそれ以降ということになる。しかもこの場合、那須与市に対する「あやかり信仰」というよりも、かれの信者の死に方にあやかるというもので、一口に「あやかり信仰」と

写真18　那須与市の位牌（石井町・三宝院）

写真19　那須与市夫妻の石塔（石井町）

いっても多様なことがわかる。

岡本氏は毎月一日と一五日にお供えとお神酒をあげ、命日である八日には「与市さんの日」として般若心経を一五回唱えている。管理責任者である岡本さんのほか、石井の西郷二二戸、中郷九戸が一軒ずつ交替で当番を務めている。行事のある日にはこれらの地区の年寄二〇人ぐらいがお参りにやってくる。正月と九月八日はボタモチ供養と称して、米を集めて炊いて作った上で各家に配ることになっている。いつのことだったか当番になったある家が、それを怠ったばかりに以後家が途絶えてしまった、というエピソードも残されている。

「与市さんの日」には三宝院（真言宗）の住職もかかわり、念仏の導師を務めており、先代住職は「与市さまは仏半分、神半分」と説明していたという。与市が建てた寺院は別当神宮寺と称するが、この寺と薬王院、市音寺の三ヶ寺が昭和末年に統合されて三宝院となったものである。その三宝院に顕彰会がかつて預けたとされる大きな与市の位牌が保管されており、そこには

表　東龍院殿前下州大守従四位拾遺水霊宗高大居士神祇　　不生位

裏　九月十八日

と記されている。仏教式の位牌ならば「大居士」だけで充分なはずであるが、わざわざ「神祇」

と加えられており、先代住職がいうように「仏半分、神半分」、すなわち神仏習合の様相を呈している。

結びにかえて

那須与一は『平家物語』や『源平盛衰記』などでよくしられているものの、その実像は不明である。むしろそのことが幸いし、民俗の世界では豊かな与一像がつくられ、口承文芸や信仰といった領域で多様な展開をとげた。信仰のレベルでは、八幡信仰や阿弥陀信仰とのかかわりが見出せるばかりでなく、与一自身が与一地蔵やポックリ信仰の対象という形で祀られるに至った例も少なくない。このうちポックリ信仰に限っていえば、京都府、兵庫県、徳島県内にある五ヶ所の墓所（石塔）が信仰対象となっており、いずれも与一が従った義経の一の谷、屋島の戦いへの進軍ルート沿いに位置している。

近年でこそ「与一」なる字を宛てるところがあるものの、「与市」と表記する点では共通している。亀岡市下矢田町の与市堂に伝わる「亀岡法楽山那須野与市堂本尊略縁起」には、与市が伏見大亀谷の即成院にて入寂とはっきり記されている。また、兵庫県篠山市伊串・瑞祥寺の与市大権現それ自身は、亀岡市の与市堂と繫がりが深いものではあるが、それ以前に石塔が瑞祥寺に祀られる際には、どうやら京都の即成院から勧請したようであり、両地域のものはともに即成院の影響が強いといえる。

その即成院について、『都名所図会』や「那須餘一宗隆即成院往生由来」をみると、前半部分では恵心僧都とのかかわりを説いており、阿弥陀如来、二十五菩薩もかれの作と伝えている。後半では阿弥陀の熱烈な信者としての与一に触れるという構成をとっている。すなわち名声を博した後、堂宇を修造したり建立したことが記されているのである。後者の矢板市・沢観音寺に伝わる元和五年（一六一九）銘の由来記には、「極楽往生」との記載があるものの、前者の『都名所図会』には石塔があることを記すのみであり、また今日即成院で配布しているパンフレットには「病を得て文治五年八月八日逝去」とあるのみで、その死に方についてはまったく言及していない。それが伝承では「スソの世話になった云々」という形となり、ポックリ信仰へと展開をとげるにいたり、他地域にも影響をおよぼしたと思われるが、そのプロセスは残念ながら不明である。

一方神戸市・那須与市公墳墓と即成院との関連を示す史料はなく、伝承でも確認できない。この与一伝承は、八幡信仰とのかかわりを色濃く残している点に特徴を見出すことができ、また当地で入寂したと主張している点に独自性が認められるが、縁起の内容そのものは他地域のそれ同様すこぶる類型的である。最後の徳島県石井町・与市神社は、与市夫妻を祀るというもので、大小二基の五輪塔をご神体とした神仏習合の最たるものであった。このことは三宝院の位牌の銘からも伺える。なお、全国各地に存在する与一関連宗教施設のなかには、地元在住の那須姓の人たちが祭祀にかかわっていることが多々あるとのことであるが[17]、小稿で報告した五例のうち与市神社だけがその類のものであった。
　与一を対象とするポックリ信仰には、山中が指摘するような「あやかり信仰」に基づくもの、さらには「救済志向型霊神信仰」（山中がいう「遺言伝承」）に基づくもの（あるいは両者が複合したもの）等々が認められる。ただし、「あやかり信仰」に限っていえば、必ずしも山中が説くように名手の弓にあやかって即往生を遂げることだけを期待したわけではないだろう。ポックリ信仰の眼目は、「健康で長生きし、万一病気になったとしても長患いせず、しもの世話にならず云々」というところにあり、「しもの病」を断つ（射落としてくれる）ことを期待したからではないかとも当然考えられるのであり、そのことは、神戸市・与市公墳墓のご詠歌にはっきりと示されていた。さらには、徳島県石井町・与市神社の項で確認したように、石塔のお守りをしていた人の往生の仕方にあやかりたいという信仰も認められるのであり、一口に「あやかり信仰」といっても多様な展開をとげていることを銘記すべきだろう。

註

（1）乾克巳他編『日本伝奇伝説大事典』角川書店　一九八六年　六六九頁。
（2）田代脩「那須与一」『国史大辞典』一〇巻　吉川弘文館　一九八九年　七〇三頁。
（3）栃木県立博物館編刊『那須与一の歴史・民俗的調査研究』一九八九年　一～一四二頁。
（4）山中清次「那須与一の伝承と信仰—民間信仰の中の与一像を求めて—」前掲（3）一一九～一三七頁。

（5）宮田登『生き神信仰』塙新書　一九七〇年　一三〜三九頁。

（6）竹内俊則編「都名所図会」『日本名所風俗図会八・京都の巻Ⅱ』角川書店　一九八一年　一五〇頁。

（7）赤津健壽『永遠のヒーロー那須与一』那須与一公顕彰会　一九九三年　四七〜五六頁。

（8）栃木県立博物館編刊　前掲（3）七九〜八〇頁。なお、同縁起の後半部分は以下のとおりである。

後鳥羽院元暦元季正月義経就《ジユ》二入洛《ラクニツキ》一那須与一宗高出軍シ宇治橋ヲ経テ上洛ス与一領内本所タル故ニ尋《ヲタズネ》二伏見《フシミ》一

光明院本堂参詣《ニシ》弥陀三尊三十七尊二十五菩薩拝《ヲ》見渇仰《シカツゴウ》良久念誦《シ》発願而言《シ》南無帰命 頂《キ》礼《ミヨウチヨウライ》大慈大悲弥陀善逝

今度《コノタビ》従《ヨリ》東国一出陣之諸侍其数不知幾《イクシレズ》千万其中　無二比《ヒル》類一得《イナキ》 弓馬之名上末代名与利生下賜《キユウバノナアゲエテマツダイノナヲアグリシヨウヲアタエ》□八幡三所者　即《スナワチ》

在弥陀三尊一 忝□跡《カタジケナクモ》一弓箭之守護宿《カツ》二渇仰之首《ゴウノコウベニヤ》一蓋《ナンゾ》 本地之如来移合掌之□□祈誓□□佛前幡□甲冑《がつちゆう》 趣西国

此彼《ヒガ》之合戦高名□射二海上之扇為二天下《ニノ》武勇無雙名誉《メイヨトナス》一 者 偏《ヒトエニコレ》 此本尊《ノ》利生也私領之内三百町奉二寄進《キシンタテマツル》 矣改二

光明院一成二光明山院一号為二即成《シテ》 院一事然也《ソクジヨウイントナスコトシカナリ》 其後那須之郡移《ニ》二本尊一而弥陀三十七尊二十五菩薩 奉二造立《ゾウリツタテマツリ》一

号二即成院一者也其後与一落髪《シ》而上洛参《シ》二當院一於本尊御宝前臨終正念二往生極楽一遂二□懐一其□所置 墓驗《ハカヲオキシルシ》 テ

令厳重明鏡者也□云

元和五年己未六月下旬

山城国伏見即成院縁起也

筆者　宥辨《ユウベン》　八十歳

（9）『角川日本地名辞典26・京都府下』角川書店　一九八二年　四九五頁。

（10）檀家総代がしたためたものを、瑞祥寺住職藤田一道氏が平成一四年九月二日に筆者の手許にご送付くださったものである。

（11）『角川日本地名辞典28・兵庫県』角川書店　一九八八年　一三六頁。

(12) 文化庁編刊『日本民俗地図Ⅲ(信仰・社会生活)』一九七二年　二六四頁。
(13) 北向八幡社境内の那須神社の管理者も協議会である。一〇月第二日曜日が大祭で、奉賛会形式をとりながら自治会も協力し実施している。
(14) 伊藤由佳子「ポックリ信仰の諸相」成城大学大学院文学研究科一九九六年度修士論文　未発表。
(15) 阿波学会編「総合学術調査報告・石井町」『郷土研究発表会紀要』三二号　徳島県立図書館　一九八六年　二一八〜二一九頁。
(16) 栃木県立博物館編刊　前掲(3)五二〜五四頁。
(17) 山中清次「那須与一の伝承と信仰―民間信仰の中の与一像を求めて―」前掲(4)一二八〜一二九頁。

Ⅶ　嫁いらず（嫁楽）観音

はじめに

ここでは、中国、四国地方のポックリ信仰のうち、対象となる神仏名に「嫁いらず」、もしくは「嫁楽」と冠したものについて分析を試みたい。全国的にみると、「ポックリ（ホクリ）」、あるいは「コロリ」と銘打つものが多いが、この種のものはなぜか中国、四国地方を中心に西日本にめだち、インターネットからは、五例を検索することができる。すなわち、(a)岡山県井原市大江町・嫁いらず観音、(b)広島県豊田郡瀬戸田町（現尾道市）・嫁いらず観音、(c)山口県周防大島町久賀（八幡上）・嫁いらず観音、(d)香川県三豊郡（現三豊市）高瀬町上勝間・嫁楽観音、(e)福岡県甘木市菩提寺・嫁いらず地蔵である。

このうち(b)は国道沿いにあるものの、「現在立入り禁止」の模様である。また(e)については未調査であることから、小稿では(a)を中心に報告し、(c)、(d)についても言及したいと思う。ちなみに(a)の嫁いらず観音については、立川昭二が十数年前に簡単な報告を試みており、「八十歳近い橋本さんの記憶では、明治・大正ごろは、近在の老人たちが弁当を背に、御堂に一夜お籠りをしにやってきたという。昔そんな人たちが列をなして歩いていたこの道を、今ではバスに乗った参拝者が年間数十万人、ときには百万人も訪れるという」と記している。[1] 参詣者一〇〇万人はいささかオーバーなようにも思えるが、春秋の彼岸を中心にたいそうの賑わいをみせるのはたしかである。一方、木村博も岡山県下、愛媛県下のポックリ信仰を紹介しており、前者に関連して社日の日に晒しを買って「お腰」を縫い、七回洗って干すことを七度繰り返して用いる習俗、七つの鳥居をめぐる社日詣でに触れている。さらに岡山県浅口郡鴨方町の年寄のなかには、井原市大江町・嫁いらず観音に参詣する人がいる、と報告している。[2] それではさっそくながら、その井原市大江町・嫁いらず観音をとりあげることにしたい。

一　梶草の嫁いらず観音（井原市）

嫁いらず観音は、井原市梶草地区の人びとが管理しているものの法人化されており、樋之尻山嫁いらず観音院（真言宗）といい、本尊は十一面観音である。明治一一年（一八七八）の縁起によれば、行基の開基と伝える。そのあらましは次のとおりである。行基が西国行脚《あんぎゃ》のみぎり、出部庄《いずえ》に杖を留め、山王の地に大伽藍の一山を建立、宝字の年号にちなんで宝寺と命名した。しかし同寺の八丁ばかり南に深淵の玻璃《はり》池なるものがあり、大蛇が住みついてつねづね人に害をおよぼしていたのでこれを退治した。大蛇は前非を悔い、毎年元旦に村中安全を祝し、行基は白檀で大悲の尊像を彫刻して岩窟に安置し、そのかたわらに小庵を建てて参詣人の休息所にした、というものである。

この縁起の文末には「右樋之尻観音之縁起作為スルニアラズ只古老ノ傳エ廃レンコトヲ慮ヒ奥ニ録ス矣《のみ》　明治十一戊寅仲春　大塚金四郎述」とある。この縁起には観音院の開創については触れられているものの、嫁の手を煩わすことなく安楽往生できるという効験の由緒については何の記述もない。立川の報告にあったように、明治期すでにこの種の信仰が存在したものと思われるが、地元には大正四年（一九一五）以来の春秋彼岸時の『大祭収支決算簿』が残されており、「茶堂築レ建　大正二年」なる記載もみられる。参詣者をお接待するための施設がつくられたのであり、当時少なからず参詣者がいたものと推測される。

さて、梶草地区の総戸数は四六戸、うち専業農家は数軒あるのみで、残りのほとんどは兼業農家である。このうち近年定住した二軒は、自治会に入っているものの観音院の信徒ではない。従って残りの四四軒（うち一軒は高齢化のため平成一六年離脱）が観音院の管理・運営に当たっており、檀那寺などは別に持っている。宗教法人の設立は昭和五七年（一九八二）であり、任期三年の責任役員九名、監事三名をおいている。この組織は自治会のそれとは別で選挙によって決められる。現在の総代表を務める山村勝保氏は、法人化以前からこの職にあり、明治末から大正期にかけてこの任に当たった初代から数えて八代目だという。年に一度研修会があって、役員たちは活発に活動している他の寺院へ赴いて、少しでもよいものを吸収しようと努力している。

法人化された昭和五七年には、梶草の人たちは春秋の彼岸時や行事の時のみお世話をするようになった。ふだんは役員の一人と梶草の一般の信徒一人、計二人で朝八時から午後五時まで掃除と参詣者への対応や、下着、肌守りの販売をする。兼業農家も多いことから、仕事を持っている人のために土・日曜組をつくって、多くの人がお世話できるようにしている。お世話に当たる人は六対四の割合で女性が多く、また定年を過ぎた人が多い。お世話料は、役員、一般を問わず一人一日五〇〇〇円と決められている。彼岸の時や行事の時は多くの人が世話役として奉仕することから、年間およそ四〇〇万円ぐらいが人件費に当てられている（年間収入約一三〇〇万円）。ちなみに嫁いらず観音院の年中行事は次のとおりである。

正　月…………年始会
春彼岸…………春季観音大祭
七月第一日曜………百万遍
秋彼岸…………秋季観音大祭
毎月一七日…………月例祭

写真20　嫁いらず観音奥の院（井原市）

写真21　嫁入らず観音院本堂（井原市）

このうち月例祭は、昭和五二年（一九七七）にＮＨＫの「新日本紀行」でとりあげられて以降、参詣者が急増して対応しきれなくなったため、参詣者を分散する目的で設定された。さきほど来の報告から察せられるように、嫁いらず観音院は地域の人たちが維持、管理する無住のお堂である。そのためこの日は、地元にある明星寺（真言宗）の住職に加持祈禱を依頼している。

これらの行事に関連する信徒の活動をみると、春と秋には道路と公園の草刈作業をし、暮れには観音さんの入口に門松を立て、一二月三一日夜一一時から元日の朝まで柴燈木を焚き、参詣者が持参する古いお札をこれにくべている。参詣者への対応は役員の仕事であり、福袋を用意するのもかれらの役目である。元旦には二〇〇個ほどの福袋を小学生以下の子供にあげているが、昼前にはなくなってしまうという。

一方春秋彼岸の大祭に際しては、大祭一週間前に地区の人と役員二〇名ほどでテントを起こしたり、吹流し・幟を立て、五色の幕をはる。また、お山の環境整備や流れ灌頂の準備をする。ここでいう流れ灌頂とは、彼岸の中日に先祖の戒名を読んで回向するというもので、塔婆が必要なことからその用意をするのである。大祭前日になると、役員九人のうち春秋五名ずつ交替で準備に当たるが、総代表は毎回参加する。仕事内容は祭壇の掃除・整理と駐車場の区画の線引き、一方通行などの交通標識の看板立て、肌守り・お札を揃えることなどである。この日の午前には露天商の代表がショバワリをしているが、これには梶草地区の人びとはいっさい関知しない。しかし、大祭に華を添えてくれるとかれらを歓迎しており、露天商の人たちも地代というわけではないが、なにがしかの金子をお布施として納めている。

写真22　お肌守り（井原市・嫁いらず観音院）

なお、大祭というのは彼岸の中日一日だけである。昭和四五年（一九七〇）ごろまでは、大祭前日から一〇〇人以上の人が信徒会館や本堂に毛布でゴロ寝をしてお籠りをしていた。そのころは地域の人がお接待をしていたが、交通が便利になったこともあり、お籠りする人もいなくなってしまった。現在は当日七時に役員がきて準備の再確認をし、それから大祭が始まる。そのころにはすでに参詣者も集まり始めており、僧侶三名を迎えてスタートとなる。導師には明星寺住職がなり、助人としてやってきた井原市・大師院（真言宗）、笠岡市・弘法寺（真言宗）の住職が下着類などの加持祈禱を受け持つ。そのほか信徒の分担は次のようになっている。本堂担当四人、お守り販売三人、線香・蝋燭・肌守り販売六人、団体加持受付二人、個人加持受付二人、加持引渡し係一人、山番午前一人、午後二人、交通係一人（ガードマン七人）といった構成である。このほか霊具膳係がいて、これはご仏飯・煮物・おひらを本堂と奥院そして六地蔵の計三ヶ所に供える役で家並順につとめる。ちなみに山番の仕事は、参道の三十三観音に参詣者が供えるオンバラ米とお賽銭を集めることにある。現在では二、三〇キロ程度の米しか上がらず、ひところの面影はないという。分担は午前と午後の交替制で、午前の係は朝七時三〇分から一二時まで、午後の係は一二時から午後五時ごろまでで、その後の片付けも行なう。役員は朝七時から、夕方銀行にお賽銭を渡す六時ごろまでお世話をする。終了後は役員だけで反省会を行なっているとのことである。

ちなみに、嫁いらず観音の世話に当たる人びとは、親が七〇歳くらいになると親からその役を引き継ぐようである。また、かれらの多くも嫁いらず観音のご利益を信じており、たとえば会計を担当している四二歳の男性は、父親が三年前風呂に入って心不全でそのままなくなったが享年九一歳であり、これもご利益と語っている。参詣に訪れる人びとはさらにその感が強く、現在九七歳になるある女性は、家が近いので四年前から年寄用の押し車で毎日お参りにきているが、「なんぼ観音さんに頼んでもお迎えがこない」といって周囲の人を羨しがらせている。目がうすくなっただけで、いたって元気である。また、市役所職員の方のおばあさんは、西江原に住んでいたが毎月の月例祭にはお参りをしていた。昭和六一年（一九八六）におじいさんが病院で亡くなった時も本人はいたって元気だったものの、その二週間後に食べ物をのどに詰まらせて八六歳で急に亡くなった。これについてもその職員の方は、嫁いらず観音のご利益と信じてやまないようである。以下、主として参詣者側に焦点を当てることにしたい。

昭和一五、六年ごろも人出が多く、当時の人はお弁当持参できていたという。また昭和三〇年代ごろまではほとんどの人が歩いて参詣するので、今よりも人数が少ないものの三十三観音をゆっくりお参りしながら歩くので、列が淀んで繋がっていた（人並が途切れない＝筆者注）そうである。ところが、昭和五二年（一九七七）にＮＨＫの「新日本紀行」にとりあげられてからは、参詣者が急増した。この昭和五二年以降六〇年ごろまでの人出が多い時期は、参道が満員電車同様のすし詰め状態であった。そして昭和六〇年代は団体バスでくる人が多くなり、近年は自家用車で個人的にくる人も増えた。こうして参詣者数は増加したものの、さっとお参りしてすぐさま帰るという人がめだつようになった。平成一三年（二〇〇一）刊の『井原市史Ⅵ・民俗編』には「春彼岸二万人、秋彼岸三万人の参詣者が訪れる」とあるが[3]、総代表が地場産業センターに報告した平成一六年春彼岸の参詣者数は四五〇〇〇人となっている。しかし、「そんなにいない」と話す人もおり、警備の警察官によると「三、四年前の彼岸には約一万人が訪れていたが、今年はいつもの年にくらべて少なく、三〇〇〇人から四〇〇〇人であろう」とのことであった。平成一一年（一九九九）に井原鉄道が開通し、それに合わせて大観音を建立したところ、その年は前年の倍の参詣者がきたが、その後はやや減少気味である。

平成一六年の春彼岸の状況をみると、男女の割合は女性がおよそ八割を占めている。年齢は五〇歳代以上の人がほとんどであり、五〇歳代の人たちは七、八〇歳代の親の付き添いか観光を目的とした人たちが多いように見受けられる。全体としては六〇歳以上、とくに七、八〇歳代がもっとも多く、なかには九〇歳代で元気に参詣している人の姿もみられる。従って、つれがいればともかく一人できている人に何かあってはと世話人方の心配がひとしおである。しかし、車による参詣者がふえてからは、観光目的でやってくる若年層も増加した、というのが世話役の人たちの感想である。ちなみに、毎日参詣する人は地域内で三、四人、市内で十数人という。月例祭には気候のよい時なら、バスが四、五台もくるので多い時で四、五〇〇人、気候の悪い時はぐっと減って一〇〇人程度という。参詣者は地元の岡山県内はもとより、広島・山口や九州・四国・近畿などから訪れる。大祭に三回お参りするとご利益があると信じられていることから、三、四回で参詣をやめる人も多い。

なお、かつては下着を持参する人が多く、団体客の場合、バスの運転手や添乗員がサービスで、乗客が持参した下着を大きな袋に入れて本堂まで運んでいた。今日ではその数は減ったものの、一人分の枚数はふえ、五枚から九枚と多くの下着にご朱印をお願いする人が目立つ。ただし、彼岸にはおおぜいの参詣者がいて必ずしも対応できないことから、預って月例祭その他の時に住職に加持祈禱してもらい、それをあとで送るというケースもある。現在は嫁いらず観音院で用意したもの（一年でおよそ五〇〇〇枚）を購入する人もいて、なかにはお土産用と称して三、四枚買う人もいるそうである。昭和四四、五年ごろまでは「おこし」と「ふんどし」あるいは「晒し」であったが、昭和五〇年（一九七五）ごろからズロース、パンツといった現在のような下着になった模様で、なぜかパンツ類から晒布（小片）になっている他の地域とは逆行しているように思われる。

二　久賀《くか》の嫁いらず観音（山口県周防大島町）と高瀬町の嫁楽観音（三豊市）

嫁いらず観音

久賀といえば国の重要有形文化財の石風呂でしられており、そのそばに薬師堂がある。ここの薬師如来像は、三尺五寸の樟製寄木造の坐像で、鎌倉期のものとされている。また薬師堂の開創は俊乗坊重源（一一二一～一二〇九）とされ、一二世紀末に東大寺再建の用材を求めて周防にくだった際、この地に石風呂をつくるとともに、病気平癒の仏護を祈り薬師如来を祀ったことに始

写真23　嫁いらず観音（周防大島町）

まると伝えている。旧久賀町観光協会が発行しているパンフレットには、「薬師堂周辺に安置される三十三体の石像は、徳川時代に観音信仰に篤い豪商や豪農が寄進したものである。いつの頃からか薬師堂左手の竹藪の中にある二体は、老後の無病息災と家族の手数を煩わすことなく、極楽往生を叶えてくださる霊験があらたかで、一体を『嫁いらず観音』、一体を『ぼけ封じ観音』とあがめられてきた」とある。

薬師堂の縁日……四月一二日、九月一二日
　　　　　　　　毎月一二日
観音の縁日………四月第二日曜日
　　　　　　　　九月第二日曜日
　　　　　　　　毎月第二日曜日
大師の縁日………三月二一日

年間の行事は右のとおりであるが、周防大島八十八ヶ所霊場のお札所（五二番・石風呂堂、大師像は近年盗難にあってしまった）になっており、そのため遠方からの参詣者もある。三月二一日の大師の縁日には、およそ七、八〇人が訪れ、合わせて嫁いらず観音にもお祈りをする。この時、八幡地区の人がでて寿司などをつくりお接待をする。ちなみにこの日は久屋寺（曹洞宗）の住職に依頼してお経をあげてもらっているが、その際、旧久賀町役場の人も出席していた。石風呂、薬師堂の管理者が観光課になっていることがその理由のようである。そのため積極的にＰＲしており、『周防大島ぐるっと遊観マップ』には、「下着類を供えてお願いした後、身につけると御利益があるといわれている」と記されている。しかし実際は、そのような行為にでる人はいないようである。現在薬師堂や二体の観音さまのお世話は、八幡地区の田島ツヤ（八〇歳）氏以下四人が行なっている。彼女は一〇年ほど前からここによくお参りにくるようになり、四、五年前まで世話に当たっていた松村さんが年をとってそれができなくなったので、よくここで顔を合わせていた四人が相談の上、一週間交替で燈明やお茶を上げたり、お掃除に努めるようになった。毎月の縁日には近在から二〇名ほどが訪れるという。ちなみに二体の観音の信仰がさかんになったのは、昭和四〇年（一九六五）以降とのことである。

嫁楽観音

高瀬町は香川県の西部に位置し、みかんを中心とする果樹栽培と高瀬茶の栽培がさかんな地域である。嫁楽観音の信仰を広めたのは、讃岐観音霊場二十三番札所・宝珠山地蔵寺（真言宗）の先代住職、森田清教氏であり（平成一四年没）、嫁楽観音地蔵寺と称しているほどである。平成六年三月銘の「古刹　宝珠山地蔵寺沿革」なるパンフレットには次のようにある。

養老年中、行基菩薩の開基と伝う。宝珠山悲願院地蔵寺と号し、雅号を善名窟と称す。地蔵菩薩を寺の本尊とし、准胝《じゅんてい》観世音菩薩を観音霊場本尊とする讃岐三十三観音霊場第二十三番札所である。弘法大師相伝の安楽往生の秘法を伝え、日本三大ポックリ寺の一寺と称される。古くは地蔵原一帯が寺域であり寺名から地蔵原の地名がついた。かつての境内は一町六反の広域であった。戦国時代土佐の長曾我部軍の兵火にかかり、堂、塔、すべて灰燼に帰した。江戸初期に再建されたが現在の境内は五反あまりである。上勝間村、下勝間村の産土神、日枝神社、及び土佐神社、妙見宮、西の脇の日枝神社等々の別当職にあり、祭礼などすべての行事を主管していた。（中略）現今は、ポックリ安楽往生の寺として再び寺運盛んになり、四国内は言うに及ばず、遠く九州、広島、岡山あたりからも参拝者が増え、往時の盛況をとりもどしつつある。又昭和四十一年に分根された大賀ハス（古代ハス、縄文時代）と共に水子供養も時機を得て、四国内最大規模の水子供養四国総院と言われている。（後略）

日本三大ポックリ寺とはどの寺院をさすのかわからないが、ポックリ信仰・水子供養といった今日流行の信仰に積極的に取り組んでいる様相が、これらの記述から伺える。またポックリ信仰を弘法大師と結びつけている点も、特徴の一つとして指摘できる。ところで信仰が広まった直接のきっかけは、昭和三二年（一九五七）ごろ、寝たきりでなかなか往生できない家族のいる人が、安楽往生の信仰の寺としられる地蔵寺を訪ねてきたことにある。住職の清教氏は依頼に応じて祈禱をした。するとその四、五日後になくなり、家族がお礼参りにきたことから評判になり、広くしられるようになった。明治のころから准胝観音は「コロリ観音」といわれていたようであるが、昭和五二年に観音霊場を復興した時に、住職の清教氏はそれまでの「コロリ観音」という名前は聞こえがよくないと考え、自分も嫁も楽になって極楽往生できるようにとの願いをこめて、「嫁楽観音」という名に変えたとのことである。

その後、愛媛県の観光バス会社がこの観音霊場に目をつけ、ツアーを組んで観光客をつれてくるようになった。昭和六〇年代が一番多くの人が訪れた時期であり、一日にバスが一〇台もくる時があったとのことである。参詣者は愛媛県を中心に四国の人が多く、女性のみならず男性もわりと多いという。毎月一七日が観音の縁日であるが、特別な行事はしていないようである。お札の類は、「嫁楽観音」と「中風よけ」がセットになったものがあり、また「ボケ封じ六瓢お守り」なるものを頒布しており、これを左右の手に持って握っているとボケないとしている。

蛇足ながら、高瀬町を含む西讃地方では新築などで浴槽を新しくした場合には、一番最初に入ってうどんを食べると「中風しない」という俗信がある。

結びにかえて

以上、三地域の嫁いらず（嫁楽）観音について、その由来と実態を報告した。明治末ごろからこうした信仰が存在した井原市大江町の嫁いらず観音、香川県高瀬町の嫁楽観音も、はやり出したのは昭和中、後期であり、山口県旧久賀町の嫁いらず観音もほぼ同じ時期に広くしれわたるようになった。いずれも住職もしくは行政が積極的にかかわり、PRにも力を入れた結果である。井原市大江町の嫁いらず観音についても、マスコミにとりあげられて自然と広まったかにみえるが、井原鉄道の開通に合わせて大観音を建立するなど、地区の人びとの積極的な姿勢が伺える。なおご利益は、ポックリ往生にあることはいうまでもないが、中風除けやボケ封じといった高齢者特有の病気とからめて宣伝している点に特徴を見出しうる。

ところで「嫁いらず」、「嫁楽」の名称に関してであるが、嫁と姑の確執を連想させてしまう点は否めない。実際、井原市大江町の嫁いらず観音の参詣者のなかには、「『嫁いらず』だと『嫁がいらない』というふうにとられかねない。嫁がいなくては生活できず困るから、嫁が楽できるという、嫁楽観音の名前のほうがいい」と力説する人もいたそうで、実際「嫁楽観音」と称していた時期も一時あるとのことである。

永六輔の『嫁と姑』なる著書には、「嫁と姑をテーマにすると、行きつくところは高齢者介護ということになる」、「日本の嫁の八割が、最終的に姑の介護をすることになるというデータもある」と書かれている。(4) データの出典が明示されていない点が惜しまれるが、嫁を中心とする身内の者が介護に当たるというのがごく自然である。しかし、老人のなかにはしもの世話になることを恥と考える人も多く、自分の娘ならまだしも、他人の嫁（内の嫁ではなく息子の嫁といったニュアンス）の手を煩わせたくないという人が多い。だからこそ、「親子なら許せることが、嫁と姑だと許せないって……。そういうのが許せない」との、嫁の声も聞かれるのである。

先の永六輔の著書はラジオのトーク番組をまとめたもので、このようなリスナーの生の声が数多く収録されている。(5)「老人と暮らしていない若者が増えた。これが、老人に対する思いやりのなくなった原因です。あいつらは、老人の衰え方を日常的にみていないから、理解できないんです」といった発言は、若者一般に向けられているとともに、自分の息子や嫁に対する思いが込められているのかもしれない。「介護する喜び。介護される喜び。両方が嬉しくないと、長い介護はつづきません」という指摘はもっともであり、居住のあり方がからむものの、奈良県香芝市・阿日寺の住職が力説していたように、日ごろからどのような家族関係、人間関係を築いているかが問題となりそうである。

註

（1）立川昭二『病気を癒す小さな神々』平凡社　一九九三年　二七七～二八〇頁。
（2）木村博『死―仏教と民俗―』名著出版　一九八九年　八三～八五頁。
（3）井原市史編集委員会『井原市史Ⅵ・民俗編』井原市　二〇〇一年　八六八～八七〇頁。
（4）永六輔『嫁と姑』岩波書店　二〇〇一年　一〇九頁。
（5）同右　一〇九頁、一二五頁。

Ⅷ　保久俚（利）大権現をめぐって

はじめに

「おばあちゃんの原宿」なる異名を持つ豊島区巣鴨のとげぬき地蔵（高岩寺・曹洞宗）は、地蔵の縁日とされる二四日のみならず、四のつく日はたいそうな人で賑わっている。今日ではとげぬきはもちろんのこと、諸病平癒にまで拡大して信仰されている。また門前には、喉に効くカリンという木の実や目に効く八ツ目鰻の蒲焼を売る店をはじめ、近代的薬局店に至るまであまた立ち並び、モンスラ（モンぺとスラックスを折衷したもの）その他を販売するファッション店と競っているかのようである。この巣鴨のとげぬき地蔵に劣らずはやっているのが、江東区の深川閻魔堂である。地獄の盟主としての閻魔は、その恐ろしげな風貌とは別に、民俗の世界ではユーモラスな存在としてイメージされており、今日では祀り上げられて守護神的存在とみなされるなど、閻魔信仰も静かなブームを呼んでいる。深川閻魔堂では、スライドを用いた地獄絵の今様絵解きをしているほか、多くの縁起物を用意して販売し、人気を博している。縁起物のなかには、「一升浮気封じ枡」あるいは「開運杓子で福を召し捕る」といった語呂合わせのキャッチフレーズで売り出されているものにまざって、「ボケ封じ」と銘打った念珠や箸の類も多く、高齢(化)社会に対応したものがめだつ。

今までみてきたように、ポックリ信仰対象施設でも、巣鴨とげぬき地蔵や深川閻魔堂に劣らず、ボケ封じのそれを含め中風除け、タレコ止め、安楽往生グッズの類が数多く売り出されていた。さらには、この種の施設もつぎつぎと誕生しているのである。

ここでは、保久利大権現の誕生・勧請の経緯について分析を加えることにしたい。

一　鬼無の保久俚大権現(高松市)

保久俚・保久利(ホクリとよむ)大権現と称する信仰施設は、管見のおよぶ限りでは、高松市鬼無と千葉県夷隅郡大原町(現いすみ市)の二ヶ所にあり、後者は前者を分祠したものである。まず高松市鬼無町の例からみていくことにしたい。

鬼無町は高松市の北西部に位置し、在所内南西側には西行法師ゆかりの池がある。それも半ば埋め立てられ、かつて水田だった土地の多くは盆栽田に転換されている。盆栽類では、植木、庭木、苗木の生産を主としている。また、社寺では袋山のふもとに桃太郎伝説ゆかりの桃太郎神社

（熊野神社）と、舌出し閻魔で有名な円蔵寺（真言宗）とがある。保久俚大権現の小祠は、県道三三号線から参道を歩いて七、八分ほど上った字衣掛にある。昭和三七、八年までは衣掛山の山頂に祀られていたが、土地の売却に伴なって現在地に移祠された。『角川日本地名大辞典37・香川県』の「鬼無町鬼無」の項に「南西端にある、西国行脚の途次、その緇衣を洗ったという西行法師ゆかりの衣掛池は、その西部が埋め立てられて、高松市の総合運動場に変わりつつある。その北側の粉掛山とも称された山は削られたが、その山頂にあった保久俚山安養院（俗にポックリ寺という）は、老人の要望で同山中腹に改築され、祭りには市が立ってにぎわう」と記されている(1)。地名辞典に記載されているほどであることから、保久俚大権現がよくしられた存在であることがわかる。現在の小祠は二〇〇坪ほどの土地に立つ、広さ二〇畳ほどのものだが、祭壇には、「奥津彦命」と刻まれた石塔と不動尊が祀られ、信者が奉納した千羽鶴に埋れるようにしてある。その左右には「願・安楽往生　東讃岐同行」と染め抜かれた幟一対も奉納されている。祭神はもとは鎧に入った三角のおむすび大の小石だったらしいが、道路業者が持っていってしまったようで、移祠に際して現在のものを刻み、安置したという。不動尊は、近年近在のおばあさ

写真24　保久俚大権現における祈禱（高松市）

んが納めたものである。

林田博氏（大正一二年生れ）によれば、この小祠は四代前の市池家当主夫人ハルが、元治元年（一八六四）に飯田町から嫁入りして造営したものだという。市池家は、笠居城を拠点とした笠居氏配下の武将の末裔と伝え、長宗我部元親に攻め込まれた際に討ち死にした者の鎧のなかに白蛇がおり、それを小石とともに祀ったのが始まりという。つまりもとは、市池家個人が祀るものだったのである。

ちなみに、第二次大戦のころは、祭壇の内壁に戦地に赴く人の写真がたくさん貼られ、無事帰還するとその写真をはがし、それに代わっていついつ帰還しましたと書いた紙を貼るふうがあったという。「戦地から無事帰ってきて欲しい、万一の場合でも苦しまずに往生して欲しいという願いから写真が奉納されたのだろう」と林田氏はいう。林田氏の祖母に当たる市池ハル（当主夫人は代々祖名を継承してきた）には白蛇が憑り移ったそうで、彼女に拝んでもらうとよく当たると評判であった。林田氏が戦地のモンゴルから帰ることも、ハルは予言していたという。実際多くの人が無事帰還したようである。そのハルが昭和二三年（一九四八）正月一日に、何苦しむことなく往生をとげた。ポックリ信仰はそれ以後はやりだした。林田氏は昭和二四年に帰還したが、実家にはだれもおらず、結局養子にでた自分が戻った。また、保久俚さんをお祀りする人がいないことから、衣掛地区の人に管理を頼み、ハルの死後行者とオガミ屋さん夫婦に出向いてもらうようにした。その行者とオガミ屋さん夫婦は高松市成合に住んでおり、二代目になっているという。

現在衣掛地区三九軒が、一年二軒ずつ交替でお守りをしており、毎朝掃除を欠かさない。祭日は春秋彼岸の中日であり、この日は一軒ごとに一人でて（二人でる家もある）、男性は交通整理、女性はお茶の接待や護摩木、お札の販売を担当する。朝六時から、夜遅くまで小祠を開放している。会社勤めの人で仕事後夜遅くやってくる者もおり、平成一四年の春彼岸には、一日で一〇〇〇人ほどが参詣したそうである。参詣者を迎えるほうは重労働であり、他処から移住した新住民のなかには、うんざり顔で参詣者をぞんざいに扱うケースもままみられるという。行者が焚く護摩木は一本一〇〇円で、祈願内容は交通安全、先祖供養、病気平癒等々である。なかには下着を持参する人もおり、寝たきり病人のそれを祈禱してもらい持ち帰るとのことである。

今まで幾度ともなくテレビや新聞といったマスコミにとりあげられ、遠くは九州の福岡や大分、あるいは山口や広島、大阪からお詣りにくる人がいる。最盛期は昭和四〇年代から五〇年代にかけてであり、彼岸の中日一日で、お賽銭が六〇～八〇万円という時もあったそうである。現在はおおよそ一日一〇〇〇人、お賽銭二、三〇万円平均だという。「ここ一〇年ほどはわりと暇になったが、各地にポックリ信仰の対象がふえたからだろう」というのが林田氏の見解である。

二　長志の保久利大権現（いずみ市）

高松市鬼無の「奥津彦命」と刻まれた石塔の台座をよくみると、一部欠けていることがわかる。林田氏にその理由を尋ねると、「千葉県大原町の人たちがやってきた時、ノミとハンマーで削って差し上げた」という返事であった。「ご神体に傷をつけてかまわなかったのですか」と筆者が訪ねると、「分霊を祀ってもらうためだから、一向にかまわない」というあっけらかんとした答えが戻ってきた。大原町側の顕妙寺（日蓮宗）住職杉山日慎氏にその点をたしかめると、はたして鬼無の分霊を勧請し、境内に祀ったものだという。同住職によれば、昭和四三年（一九六八）に日本テレビで鬼無の保久俚大権現がとりあげられた。それをみた顕妙寺檀家総代の土屋氏が、檀家や大原町老人クラブに呼びかけて、四二名ほどの参加のもと、高松までお詣りに出向いた。しかしそこでお話しを伺っている最中、近所で火災がおこり、大騒ぎとなった。先方は「せっかく千葉からお出でになったのにゆっくりお話しもできず」といって、保久俚大権現の台座の一部を削り取り、「保久利大権現」と墨書した上で、「これを開眼し、お参りいただければありがたい」と渡されたので、それを持ち帰って顕妙寺境内に祀ったものという。こうした話しのやりとりの相手が、ほかならぬ林田さんだったのである。大原町側は、その後五年に一度は鬼無にお燈明料を送付していたようだが、今はまったく途絶えているとのことである。「保久俚」と「保久利」、意図的にかあるいはどこかで行き違いがあったのか表記は異なる。しかし大原町長志・顕妙寺境内に祀られるそれも、ご利益は不老長寿（丈夫で長生きし、病気をしても長患いしない）である。

なお、福祐山顕妙寺は、寺伝によれば開山は富木《とき》日常《にちじょう》上人で、大本山中山法華経寺開祖日常が、本山である真間《まま》の弘法寺を改宗させた年、安房方面布教の途中、それまで天台宗勝曼寺と称していた当山寺僧応海が、日常と法論し屈して改宗し、法華寺となったという[2]。同寺の年中行事は、正月—初祈禱、一月二〇日前後の星祭、二月三日—節分、四月八日—花祭、八月一三〜一五日—お盆（一五日は施餓鬼会）、一一月三日—宗祖のお会式、暮れの二〇〜三一日—暮の祈禱となっている。このほか、かつては四月と一〇月五日が大祭であり、保久利大権現のご開帳であった。信者は当初旧大原町の人が多かったが、昭和四七年ごろ読売新聞（千葉版）でとりあげられて以降、より広い地域から参詣者が集まるようになった。市川や船橋方面からは団体バスで訪れ、昭和四〇年代末から昭和五五、六年までがピークで、一時は年間に一〇〇〇人ほどがやってきた。しかし今はおよそ二〇〇人平均だという。初めのころは、JR大原駅から七キロほど

写真25　保久俚大権現（いすみ市・顕妙寺）

の道のりをみな歩いてきていた。散策を兼ねていたのだろうが、年寄も元気だったそうである。朝一〇時ごろからご祈禱をし、参詣者に「保久利大権現守護処」のお札を渡した。なかには鬼無同様に、パンツや襦袢を持参し、それに祈禱を依頼する人もいる。具合が悪くなるとそれを身につけたりするようだが、「おかしなもので、お参りしている方はわりと長患いしない」と真顔で住職はいう。親が長患いせずに往生すると、その子供がお礼参りにくることも少なくなく、またそうした人たちが信者になる、という形で五〇代のわりと若い人たちもポツポツふえている模様である。

市川や船橋方面からやってくる人が多いことは先に触れた。たとえば某船橋市議は熱心で一生懸命市民に呼びかけ、市のバスを利用し、団体を引き連れてやってくるそうである。しかし、今日ではどちらかといえば数人のグループが多く、船橋競馬場に勤める六〇代の七、八人の婦人たち数グループは、必ず毎年訪ねてくるが、それというのも最初は騎手の奥さんがやってきたのがきっかけだという。彼女は参詣の帰り道に事故を起こしてしまった。しかし車は大破したものの本人は無事で、後日またお参りにきた。その人の口コミで競馬場に勤める人びとの間に広まり、それが今日まで引き継がれているのである。テレビや新聞といったマスコミの力についてはいうまでもないが、口コミの力もあなどれないということなのだろう。ちなみに、現在大祭は行なっていないが、権現さんの命日とされる五日に毎月簡単な祭祀が行なわれている。小祠内には、奉納された千羽鶴やワラジの類が今でも数多く吊されている。

結びにかえて

高松市鬼無の保久俚大権現は、幕末以来祀られているものだが。ポックリ信仰という形でその信仰を仰ぐようになったのは戦後以降である。マスコミにしばしばとりあげられて有名になり、かなり広範な地域から信者が訪れるようになった。千葉県旧大原町の人びとも、やはりマスコミを通じてしるところとなり、ひょんなことから分霊を祀るに至った。ともに最盛期は、昭和四〇年代後半から五〇年代にかけてであった。その後はやや落ち着いた感があるが、それでもコンスタントに参詣者があるようであり、林田氏の指摘するように、需要が減ったわけではなく、むしろ供給地がふえている、ということが両大権現の今日の静かなブームの背景にある。

いずれにしてもこの二つの事例は、マスコミによる習俗の広がり、伝播といった今様の民俗のあり方を端的に示してくれている。その一方では、口コミの持つ潜在的な力の強さを改めてしらしめてくれたといってよい。

註

（1）竹内理三編『角川日本地名大辞典37・香川県』角川書店　一九八五年　二八三頁。
（2）大原町史編さん委員会『大原町史　通史編』大原町　一九九三年。

ポックリ信仰関連施設一覧（二〇〇六年五月末時点で確認のもの。松崎憲三作成）

(1)地　蔵

	名　称	所在地	管理者	ご利益	備　考
1	コロリ地蔵	秋田県湯沢市浦町	長谷寺（曹洞宗）	コロリ、往生	
2	イビダレ地蔵（千体地蔵）	山形県米沢市大笹野	幸徳院（真言宗）	中風（イビダレ）除け	四月および一一月二四日が縁日。
3	ポックリ地蔵（顔無地蔵）	茨城県猿島郡三和町（現古河市）山田	久昌院（曹洞宗）	ポックリ往生	もとは旧長井戸堀の河岸場にあったが、道路改修により、三〇年前に久山昌寺門前に移されたもの。
4	ポックリ地蔵	茨城県猿島郡総和町（現古河市）上大野	—	—	—
5	幸三郎地蔵	群馬県伊勢崎市下道寺・共同墓地	多賀谷已喜夫イッケ	安楽往生	明治三年の銘あり。盆・彼岸に多賀谷イッケを中心に祀っている
6	ポックリ地蔵（引導地蔵）	埼玉県所沢市上山口	金乗院（山口千手観音・真言宗）	ポックリ往生	諸病平癒の加持水あり。

7	ぴんころ地蔵	長野県佐久市原	薬師寺（真言宗）	元気で長生きし、安楽往生	平成一五年より祀る。
8	石ボトケ	三重県志摩郡（現志摩市）志摩町御座	―	しもの病封じ	―
9	一願一言地蔵	京都府宮津市成相寺境内	成相寺（真言宗）	ポックリ信仰	―
10	梯子地蔵	京都市右京区嵐山薬師下町	薬師寺（臨済宗）	しもの病封じ	年の数に合った段数の梯子を作って奉納する。
11	日限地蔵	京都市東山区五条通り東大路東入ル遊行前町	安祥院（浄土宗）	寝小便封じ、安産、安楽往生	願掛けには涎かけと昆布を供える。
12	ポックリ（延命）地蔵	高松市木太町六区新開	地区住民	安楽往生	―
13	ポックリ地蔵	香川県坂出市西庄	地区住民	長患いせずに、安楽往生	毎月二三日にご詠歌をあげる。
14	ポックリ地蔵（保久利院）	徳島県板野郡藍住町勝瑞	地福寺（天台宗）	安楽往生	毎月二四日が縁日。
15	北向地蔵	高知県高知市鴨部	鴨部下地区	しまいがきれい	以前は「お香水」をわけていた。旧暦六月および九月二八日が祭り。
16	北向地蔵（ポックリ地蔵）	高知県南国市東坪池	―	往生際がよい	―

17	嫁いらず地蔵	福岡県甘木市菩提寺	―	―	―
18	延命地蔵	大分県直入郡竹田町（現竹田市）寺町	観音寺（真言宗）ほか	ポックリ、ボケ封じ、寝つかない	平成元年より祀る。

(2)阿弥陀

1	三宝岡の生き如来	山形市下東山	風立寺（天台宗）	安楽往生	昭和初期よりさかん。
2	阿弥陀如来	京都市左京区浄土寺真如町	真如堂（天台宗）	中風除け、タレコ止め、安楽往生	十夜法要後の十夜粥にご利益ありとされる。
3	ポックリ寺	奈良県生駒郡斑鳩町小吉田	吉田寺（浄土宗）	安楽往生	スソ除け祈願・お香水。
4	ポックリ寺	奈良県香芝市良福寺	阿日寺（浄土宗）	安楽往生	七月一〇日が恵心僧都の命日。
5	傘堂	奈良県北葛城郡当麻町（現葛城市）染野	石光寺（浄土宗）ほか	安楽往生	当麻レンゾの日に二の柱のまわりを回る。

(3)那須与一公墳墓・石塔

1	那須与市公石塔	京都市東山区泉涌寺山内町	即成院（真言宗）	安楽往生	合格祈願のご利益もあり。二十五菩薩来迎会あり。
2	那須与市堂	京都府亀岡市下矢田町	那須与市奉賛会	しもの病封じ	お香水。

3	那須与市大権現	兵庫県篠山市井串	瑞祥寺（曹洞宗）	しもの病封じ	正月、四月七日が大祭。
4	那須与市公墳墓	神戸市須磨区妙法寺町	与市講	しもの病封じ	毎月七日例祭、九月七日大祭。
5	与市神社（石塔が神躰）	徳島県名西郡石井町高原	奈須姓他地区住民	安楽往生	八日が「与市さんの日」、三宝院に位牌あり。

(4) 観音

1	コロリ観音	山形市長谷堂	渡辺家他地区住民	安楽往生	毎月二一日が縁日。
2	コロリ観音	山形市平清水番外	平泉寺（天台宗）	安楽往生	――
3	立木観音	福島県会津坂下町塔寺	恵隆寺（真言宗）	安楽往生	抱きつき柱、会津コロリ三観音の一つ。
4	鳥追観音	福島県西会津町野沢	如法寺（真言宗）	安楽往生	抱きつき柱、会津コロリ三観音の一つ。
5	中田観音	福島県新鶴村（現会津美里町）米田	弘安寺（曹洞宗）	安楽往生	抱きつき柱、会津コロリ三観音の一つ。
6	駒形長寿観音	前橋市駒形五丁目	駒形長寿観音堂（地区老人会）	安楽往生	奈良・阿日寺より勧請。
7	千手観音（ポックリ観音）	群馬県渋川市祖母島	高橋伊三郎氏ほかの老人会	安楽往生	五月八日が縁日。

8	水崎観音（ポックリ観音）	東京都八王子市長房町	龍泉寺（浄土宗）	しもの病封じ、安楽往生	彼岸時に参詣。
9	千手観音	埼玉県日高市高萩	常満寺（曹洞宗）	延命、ボケ封じ、安楽往生	平成三年創建。
10	コロリ観音	滋賀県伊香郡高月町	赤後寺（禅宗？）	安楽往生	―
11	三方石観音	福井県三方上中郡三方町（現若狭町）三方	臥龍院（曹洞宗）	安楽往生	―
12	嫁いらず観音	岡山県井原市大江町梶草	嫁いらず観音院（地区住民）	しもの病封じ、安楽往生	明治期より信仰さかん。
13	嫁いらず観音	広島県豊田郡瀬戸田町（現尾道市）	―	―	―
14	嫁いらず観音	山口県周防大島町久賀	八幡地区住民	ボケ封じ、安楽往生	大師巡りの一札所、三月二一日に縁日。
15	嫁楽観音	香川県三豊郡高瀬町（現三豊市）上勝間	地蔵寺（真言宗）	安楽往生	毎月一七日が縁日。

⑸ その他の仏

1	烏芻沙摩明王	東京都品川区西五反田	安養院能仁寺（天台宗）	しもの病封じ	毎月二八日が縁日。
2	烏枢沙摩明王	静岡県田方郡天城湯ヶ島町（現伊豆市）	明徳寺（曹洞宗）	しもの病封じ	八月二九日が大祭、おさすり・おまたぎ。

3	烏瑟沙摩明王	静岡市羽島	洞慶院（曹洞宗）	しもの病封じ	七月一九、二〇日の開山忌に賑わう。
4	ポックリ不動	群馬県安中市下秋間寺山	地区住民	無病息災、安楽往生	毎月二八日が縁日。
5	ポックリ不動	茨城県岩井市弓田	慈光寺（天台宗）	安楽往生	一、六、一〇月二八日が縁日。
6	保久利大権現	千葉県大原町（現いすみ市）長志	顕妙寺（日蓮宗）	不老長寿	四月と一〇月五日が大祭。
7	保久俚大権現	高松市鬼無	林田博氏ほか地区住民	安楽往生	彼岸の時期賑わう。
8	コロリ薬師	山形県米沢市関根	普門院（曹洞宗）	病気平癒、安楽往生	もとは錦戸薬師のご本尊という。
9	コロリ薬師	山形県米沢市	錦戸薬師	病気平癒、安楽往生	祭礼時に普門院から借用して開帳。
10	牛込のお釈迦様	東京都新宿区榎町	宗柏寺（日蓮宗）	安楽往生	——
11	足柄聖天堂	静岡県駿東郡小山町足柄峠	高橋家および宝鏡寺（曹洞宗）	しもの病封じ	四月二〇日が縁日。
12	大随求明王	名古屋市昭和区八事本町	興正寺（真言宗）	しもの病封じ、安楽往生	七ヶ月詣り。
13	八坂庚申堂	京都市東山区金園町	金剛寺（天台宗）	タレコ封じ	大安の庚申日と五月三日がタレコ封じの祈禱。

14	紙衣仏	大阪府天王寺区四天王寺	四天王寺万燈院	—	—

〔付記〕このほか、愛知県知多郡南知多町山海高座の「ポックリ弘法大師」、高松市木太町の「ポックリ地蔵」の存在も確認しているが、情報が不十分なため、これらの表からは除外してある。

おわりに

「ほっくり往生」なる言葉がすでに江戸時代の元禄期にみられることから、この種の信仰が近年新しく始まったものでないことは明らかであり、木村博が指摘するように、民俗の範疇《はんちゅう》に属するものといえる。リピーターの存在や祖父母から子供へ、孫へといった信仰の連鎖がそのことを雄弁に物語っている。しかし、しばしば流行化する傾向もうかがえ、明治末ごろ、あるいは昭和初期に隆盛をみた宗教施設や堂宇もあり、昭和四〇年代以降爆発的な流行現象となり、今日に至っている。さらにはボケ封じやポックリ信仰に特化した形で近年開設されたり、こうしたご利益を前面に打ち出したところも少なくない。一方では、この種の宗教施設が各地に登場したため衰退を余儀なくされたり、流行が鎮静化し安定期を迎えた施設もある。

「ポックリ信仰関連施設一覧」によっておわかりのように、北海道・沖縄県のものは未確認である。九州地方も、管見のおよぶ限りは二例だけである。沖縄は久しく「長寿の国」といわれていただけに、その実態が気になるところである。干支が八巡した、数え年九七歳の祝い「カジマヤー」がさかんと聞くが、一方ではアメリカナイズされた生活スタイルが浸透し、『沖縄が長寿でなくなる日』といったセンセーショナルな書物も刊行されており、さまざまな老人問題がクローズアップされる危険性をはらんでいる。それはともかく、対象施設・堂宇の分布をみると、地蔵と観音はほぼ全国にまんべんなく分布するものの、阿弥陀・那須与一を祀る地域は近畿を中心とする西日本に多い傾向がみてとれる。そのほか烏瑟沙摩明王・大随求明王・不動・釈迦などは事例も比較的少なく局所的に分布するのを特徴としている。そうしたなかで、保久利大権現・駒形長寿観音などマスコミを媒介に勧請された例も存在し、阿波踊り・ネブタ祭りなどの「うつし文化」の今日的広がりと重ね合わせてみる時、大変興味深いものがある。

ちなみに、参詣者は女性を中心としたもので、比較的元気であって体調に関しても比較的心配もなく、行楽気分で参詣してはいるものの、将来に一抹の不安を抱いている人、また実際介護に当たっている人、病んでいる本人等々である。切実な問題を抱えた人とその予備軍が、この種の信仰を支えているといえる。一方地元の老人会や篤信者が、これら施設の管理、運営に当たっているケースもみられ、創意工夫を凝らしながらさまざまに取り組んでいる姿から、高齢者が持つ秘めたパワーを思いしらされる。

対象となる神仏は、庶民になじみ深い地蔵が圧倒的に多く、イビダレ除け、タレコ止め等々失禁防止といった現世利益的側面の強いことがうかがえ、観音や阿弥陀についても二世安楽を謳っているものの、やはり現世利益にウェートがおかれていた。那須与一公墳墓・石塔に関しても、遺言伝承や「あやかり」信仰に基づくものの、やはり「しものやまいをいめく」ことへの期待感が大きかった。寝たきり状態になって、体も思うように動かせず他人にしもの世話になることは、人間としての尊厳を傷つけられることであり、そうした事態への不安と拒絶反応が流行の主たる要因にほかならない。社会保障制度や地域社会のあり方、家族構成・家族関係（イエ）のあり方も大きく影響していることはいうまでもないが、本書はあくまで信仰的側面に限定して考察したものである。

あとがき

死霊結婚といい、動植物の供養、そしてこのポックリ信仰といい、筆者が関心を持って手がけてきたテーマは、すべて伊東市在住の大先達・木村博氏が先鞭をつけていた。前二者については、自分のペースで淡々と調査・研究を続けてきたつもりであったが、やがてどうも木村氏の後追いらしいことに気づき、このポックリ信仰に着手し始めたころはそのことを意識するようになっていた。そのため原稿が活字化されるとさっそく氏のもとへ送附し、手紙に「いつも先生をダシにして申しわけありません」といった主旨のことを書き添えた。すると「利用できるものならどうぞいつでもご利用ください。どうせダシもすぐ出なくなりますから」と、優しくもユーモラスなご返事が戻ってきた。この言葉に力を得て、何とか一冊にまとめ上げることができたのである。

ちなみに初出一覧を掲げておく。

第一章　「祈願の諸相―東海地方を中心に―」（原題「ポックリ（コロリ）信仰の諸相㈠―東海地方を事例として―」『日本常民文化紀要』二三輯　成城大学大学院文学研究科　二〇〇三年）。

第二章　「巡拝習俗をめぐって―東北地方を中心に―」（原題「ポックリ（コロリ）信仰の諸相㈡―東北地方を事例として―」『日本常民文化紀要』二四輯　成城大学大学院文学研究科　二〇〇四年）。

第三章　「ポックリ信仰の消長―関東地方を中心に―」（原題「ポックリ（コロリ）信仰の諸相㈢―関東地方を事例として―」『西郊民俗』一八七号　西郊民俗談話会　二〇〇四年）。
第四章　「地蔵とポックリ信仰―全国的な広がりのなかで―」（原題「地蔵とポックリ（コロリ）信仰」『民俗学研究所紀要』二七集　成城大学民俗学研究所　二〇〇三年）。
第五章　「阿弥陀とポックリ信仰―近畿地方を中心に―」（原題「阿弥陀とポックリ（コロリ）信仰―近畿地方を中心に―」『民俗学研究所紀要』三〇集　成城大学民俗学研究所　二〇〇五年）。
第六章　「那須与一とポックリ信仰―近畿・四国地方を中心に―」（原題「那須与一とポックリ（コロリ）信仰―近畿・四国地方を中心に―」『民俗学研究所紀要』三一集　成城大学民俗学研究所　二〇〇七年）。
第七章　「嫁いらず（嫁楽）観音―中国・四国地方を中心に―」（原題のまま『西郊民俗』一九四号　西郊民俗談話会　二〇〇五年）。
第八章　「保久俚（利）大権現をめぐって―高松市鬼無・千葉県大原町（現いすみ市）―」（原題「『ホクリ』大権現をめぐって―高松市鬼無・千葉県大原町―」『西郊民俗』一八二号　西郊民俗談話会　二〇〇三年）。

二〇〇二年度に大学から国内研修の機会をいただいた。その多くは『現代供養論考』（慶友社、二〇〇四年三月刊）をまとめるための調査と執筆の時間にさかれたが、後半からはこのポックリ信仰の調査に出向くことができた。会津や山形といった東北地方にまず出かけ、関東・東海と南下し、西日本へとフィールドを移していった。執筆順に若干狂いの生じた部分があるものの、しかも五、六年がかりではあるが、ほぼ順調にまとめることができた。これも各地にいる友人の民俗学徒、教え子たちの尽力を得たからにほかならない。情報を提供してくれるのみならず、アッシー君をつとめてくれた人も少なくない。現役の院生や民俗学研究所のスタッフも、一時筆者が病み伏したこともあってか、予備調査をしてくれたり、案内役を引き受けてくれた。またそれぞれの地で、話者の方がたからご親切な対応を受けた。こうして多くの方がたの力添えを得て、念願の還暦前に（数えではなく満年齢ではあるが）刊行という運びとなった。

慶友社の伊藤ゆり、原木加都子、桑室一之氏には最後までお手を煩わせてしまったし、院生の高木大祐・村尾美江・林洋平・飯田愛の各氏にはデータ整理等々で面倒をおかけした。各位には衷心より御礼申し上げる次第である。

二〇〇七年三月吉日

松崎憲三

著者略歴

松崎憲三（まつざき　けんぞう）
一九四七年　長野県生まれ
東京教育大学理学部地学科地理学専攻卒業
日本民俗学専攻（民俗宗教論、現代民俗論）
現在成城大学文芸学部教授　博士（民俗学）

〔主要論著〕

『巡りのフォークロア』名著出版　一九八五年
『現代社会と民俗』名著出版　一九九一年
『東アジアの死霊結婚』（編著）岩田書院　一九九三年
『人生の装飾法』（編著）ちくま新書　一九九九年
『同郷者集団の民俗学的研究』（編著）岩田書院　二〇〇二年
『現代供養論考』慶友社　二〇〇四年
『民俗学講義』（共編著）八千代出版　二〇〇六年
『諏訪系神社の御柱祭』（編著）岩田書院　二〇〇七年

慶友選書

ポックリ信仰
――長寿と安楽往生祈願――

二〇〇七年五月四日　第一刷発行

著　者　松崎憲三
発行者　慶　友　社
〒一〇一－〇〇五一
東京都千代田区神田神保町二－四八
電　話〇三－三二六一－一三六一
ＦＡＸ〇三－三二六一－一三六九
印刷・製本＝亜細亜印刷　装幀＝中村泰充

© ISBN 978-4-87449-250-5　C3039